JN079981

改訂版

経済分析入門 II

―マクロ経済学への誘い―

前田 純一 著

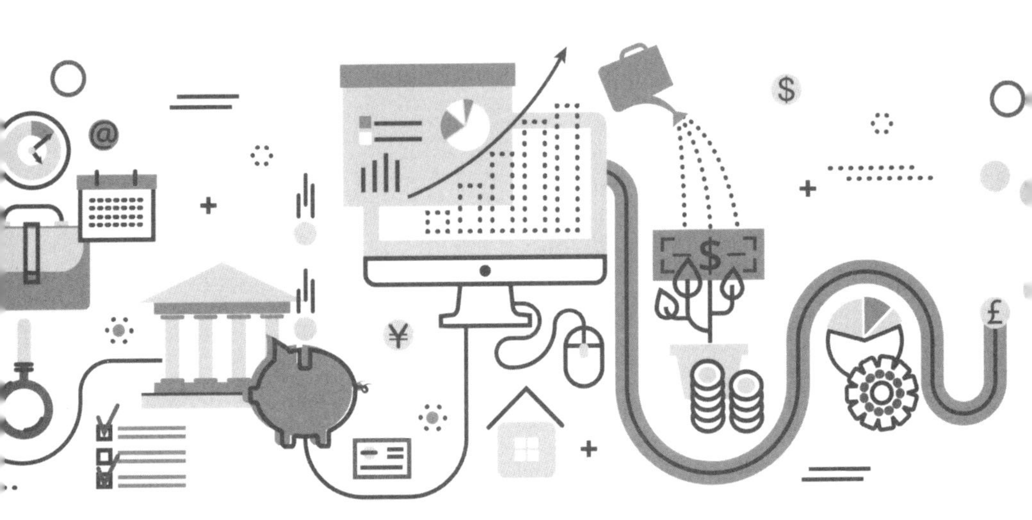

晃洋書房

改訂版へのはしがき

『経済分析入門Ⅱ』の初版が刊行されて以来，筆者が教鞭をとっている大学でも教材として使用させていただいていますが，近年，初版であつかっている内容について，章構成を編成し直す必要性を感じていました．具体的には，初版における第２章と第３章を統合し，乗数の分析も含めてGDPの決定メカニズムとして１つの章にまとめることで，よりまとまった形で考察を進めることができると考えました．

また，第４章，第５章および第６章をIS-LM分析として１つの章にまとめることで，財市場と貨幣市場という２つの市場に関するそれぞれの分析を前提として，この２つの分析を統合することで経済全体の分析を試みようとするIS-LM分析を，よりまとまった形で検討することができると考えました．

以下，章構成を再編成した改訂版の内容について簡単に紹介していきます．

本書では，マクロ経済学で取り扱われるいろいろな分野のうち，国民経済計算に関する基礎知識からはじめて，国内総生産（GDP）の決定メカニズム，乗数の考え方，財市場と貨幣市場，IS-LM分析，総需要・総供給分析までの比較的基本的な部分のみを取り上げています．

国民経済計算のための基礎知識としては，国内総生産（GDP），国内総支出（GDE），所得の分配，三面等価の原則などを確認しておかなければなりませんが，第２章では，これらの基礎的な用語，および，知識について詳しく解説をおこなっています．

第２章で紹介される国民経済計算のための基礎知識のなかでも，国内総生産（GDP）は１国の経済活動の水準を表す重要な指標となっています．そのため，その大きさがどのようにして決定されているのかということは重要な問題となってきます．そこで，第３章では，GDP の決定メカニズムを中心として，図を使いながら理論的な考察を進めていきます．

GDP の決定メカニズムについて考察を進める第３章の分析では，投資活動が GDP の水準に大きな影響を及ぼすことが確認されますが，その影響の波及プロセスも重要な問題となります．そこで，さらに踏み込んで，投資活動が具体的にどのようなプロセスを通じて GDP の水準に波及効果を及ぼしていくのかという問題についても検討を進めていきます．

第３章では，分析の簡略化のために投資の大きさは所与のものとしてあつかい，その決定については言及しませんが，第４章では，投資の決定について考察を進めます．投資を決定する要因として利子率の問題が取り上げられるのですが，その考察を通して投資を内生化した上で GDP の決定メカニズムについて再考します．そして，利子率と GDP の関係を表した IS 曲線を導出します．

この投資に関する考察では，利子率を所与のものとして分析を進めますが，さらに踏み込んで，利子率の決定についても考察を進めます．そのために，貨幣への需要，および，供給について考察をおこない，貨幣市場について分析をおこないます．そして，利子率を内生化した上で GDP の決定メカニズムについて再考し，利子率と GDP の関係を表した LM 曲線を導出します．

IS 曲線と LM 曲線をもとにして，第４章の後半では，GDP と利子率の同時的決定について考察をおこないます．IS 曲線に関する分析では利子率を所与のものとし，LM 曲線に関する分析では GDP を所与のものとしていましたが，２つの分析を合わせることによって，GDP と利子率の決定が同時的におこなわれることになります．そして，その分析を通して，財政政策や金融政策が GDP や利子率に与える影響についても分析をおこなうことができます．

第５章では，ここまでの分析には登場していなかった物価水準を分析に取り入れます．ミクロ経済学の市場分析では，物価水準との関係で需要や供給の分析がおこなわれますが，第５章では，物価水準と GDP の関係を，第４章の IS-LM 分析やミクロ経済学の労働市場の分析をもとにして考察していきます．

そして，財政・金融政策がGDPや物価水準に及ぼす影響についても言及していきます．

これらの各章では，できるだけ平易でわかりやすい解説をおこなうように努めています．また，計算をおこなう部分では，計算プロセスをすべて記述するようにしており，この計算結果がどのようにして出てきたのかわからない，ということがないようにしています．

サブ・タイトルに「誘い」という言葉を使っているのは，文字通り，本書によってマクロ経済学の勉強は思っていたほど難しいものではないという気持ちを（少しでも）起こしてもらうことができれば，という筆者の思いがあるからです．そして，本書のような入門書を超えて，本格的なマクロ経済学のテキストに進んでいってもらうことができれば，筆者の望外の喜びです．

2021年9月

前田純一

目　　次

第1章　本書の構成

本書は，マクロ経済学で取り扱われるさまざまな分野のうち国内総生産（GDP）を中心として，その基本となる部分のみを取り上げて詳細な解説を行うことを目的として書かれています．

国内総生産（GDP）を中心とした基本となる部分を扱うために，内容は大きく4つの章から構成されています．まず，第2章「GDPの基礎」においては，生産面からみたGDP，支出面からみたGDP，および，分配面からみたGDPについて，それぞれ基本となる用語を確認しながら，詳しく考察しています．

次に，第3章「GDPの決定メカニズム」においては，消費と投資を表した図をもちいながらGDPの決定について考察していきます．そして，その考え方をもとにして，完全雇用という政策目標を導入した場合，その目標にとどかない場合は投資を増加させる必要があることを確認します．投資を増加させた場合，GDPが増加することが考えられますが，その増加の仕方について乗数という考え方を導入しながら検討していきます．

さらに，第4章「IS-LM分析」においては，視野を経済全体に拡大して，経済全体が大きく財市場と貨幣市場という2つの市場から構成されていると考えます．財市場では，GDPが決定されており，貨幣市場では利子率が決定されているのですが，まずそれぞれの市場について詳しく考察していきます．そして，両市場について同時に考えたとき，経済全体でGDPと利子率が決定されることになります．この考え方を経済政策に適用していけば，財政政策，金融政策の政策効果についても，それぞれ分析することができます．

最後に，第5章「総需要・総供給分析」においては，第4章までの分析では捨象されていた供給側の分析を導入して，さらに考察を進めていきます．第4章までの分析では，需要側の要因によって産出量が（受け身的に）決定されるという想定で分析が進められていますが，労働市場を分析に導入し，雇用量の決定から産出量が決定されていく枠組みをもちいながら産出量そのものの決定について分析をおこないます．そして，第4章の分析と統合することで，需要側の要因だけでなく供給側の要因も含んだ形で分析を進め，物価水準とGDPの関係について考察を進めていきます．

それでは，以下，各章の概要についてさらに詳しく述べていきます．

1.1　第2章の概要

第2章では，GDPについて考えていくために必要となる基礎的な部分について解説をおこなっていきます．

GDPの大きさを求めるためには国民経済計算の考え方が必要になりますが，国民経済計算とは，一定期間（3ヶ月または1年）における一国全体の経済活動の大きさを数量によって表そうとする体系のことであり，家計，企業，および，政府の3つの経済主体の活動を，生産面，支出面，分配面からそれぞれ把握しようとするものです．

国民経済計算のうち，一国全体の経済活動の大きさを生産面からとらえ，国民に着目してその大きさを測ろうとするものが**国民総生産**（GNP）であり，国民ではなく国内に着目して測ろうとするものが**国内総生産**（GDP）です．第2章の2.1節では，この2つの概念について詳しくみていきます．

また，国民経済計算のうち，一国全体の経済活動の大きさを支出面からとらえ，国民に着目してその大きさを測ろうとするものが**国民総支出**（GNE）であり，国民ではなく国内に着目して測ろうとするものが**国内総支出**（GDE）です．第2章の2.2節では，この2つの概念について詳しくみていきます．

さらに，国民経済計算のうち，一国の経済活動の大きさを分配面からとらえ，その大きさを測ろうとするものが**国民所得**です．一国全体の経済活動によって生産されたものは，消費者，企業，および，政府のそれぞれの支出項目として購入され，消費されていきますが，購入されたものを生産した生産者は所得を得ることになります．第2章の2.3節では，このようにして得られる所得の分配について詳しくみていきます．

このように，一国全体の経済活動は，生産という側面，生産されたものに対する支出という側面，生産されたものに対する支出によって得られた所得という3つの側面によって，それぞれとらえることができますが，2.4節では，この3つの側面によってそれぞれ測られる経済活動の大きさが等しくなる**三面等価の原則**について確認します．

第2章の最後の部分では，実際の国民経済計算のデータを使いながら，GNP，GDP，NNPなどを計算してみます．

1.2　第3章の概要

第3章では，GDPの決定メカニズムについて図を使いながら詳しくみていきます．第3章の3.1節で確認しますが，国内総生産（GDP）の大きさは，消費の大きさ，民間投資の大きさ，および，政府投資の大きさによって決定されます．したがって，これら3つの項目の大きさがそれぞれ決定されれば国内総生産（GDP）の大きさが決定されることになるのです．

そこで，これらの項目についてそれぞれみていきますが，政府投資については分析を簡単にするためにゼロとおくことにします．よって，国内総生産(GDP)の大きさを決定する項目としては，消費と投資のみを考えることにします．

3.1.1項では，消費の大きさがどのように決定されるのかについて考えるために**消費関数**を紹介します．そして，国内総生産（GDP）と消費の関係を図を使って考えていきますが，消費関数について考えることで，同時に，**貯蓄関数**についても考えることができます．3.1.2項では，この貯蓄関数についてみていきます．

国内総生産（GDP）の決定について図を使って考えるとき，重要な役割を演じるものに**45度線**があります．45度線の役割は，縦軸の値と横軸の値を同じにすることですが，3.1.3項では，この45度線についてみていきます．

消費関数と45度線をもとにして，3.2節では国内総生産（GDP）の決定について図を使って考えていきます．このとき，投資については，分析を簡単にするために，ある大きさ（定数）に最初から決定されているものとして分析を進めていきます．なお，投資の決定に関しては第4章で改めて考察していきます．

国内総生産（GDP）の決定について考察するために使った図と**完全雇用**の概念を使って，3.3節では，**インフレ・ギャップ**，および，**デフレ・ギャップ**についてそれぞれ考察していきます．そして，これらのギャップを解消して完全雇用GDPを実現するために，財政政策・金融政策をどのように活用していけばよいかについて考えていきます．

デフレ・ギャップが存在する場合には，その解消のために，たとえば公共投資を増加させることによって消費＋投資（C＋I）を表した直線を上方へ移動させ，GDPを増加させることによってデフレ・ギャップを小さくすることができます．そして，もしデフレ・ギャップを完全に解消することができれば，完全雇用を実現することも可能になります．

しかしながら，公共投資によって投資をある大きさだけ増加させたときGDPはどのくらい増加するのでしょうか．図を使った分析からだけでは，増加の大きさまでは確認することができません．このことについて確認していくために，GDPの決定式にもとづいて，たとえば，投資や減税などによってGDPがどのくらい増加するのかについて考えなければなりません．

GDPの変化の大きさは，投資が増加する前のGDP決定式と投資が増加した後のGDP決定式を比較することで求めることができますが，この比較によって，投資の増加額の何倍かのGDPが生み出されることが確認できます．この比例定数のことを**投資乗数**とよんでいます．3.4.1項では，この投資乗数について考えていきます．

投資の増加によって，その増加額の何倍かのGDPが生み出されることが投資乗数によって確認されますが，民間の投資がうまく増加しないときには政府がその肩代わりをしなければなりません．民間の代わりに政府が投資をおこなった場合の乗数を**財政乗数**とよんでいますが，その効果は投資乗数と全く同じになります．3.4.2項では，このことを確認します．

他にも，投資乗数と同様の考え方を使って，一括税の場合の増税（減税）の乗数効果（3.4.3項），比例税の場合の乗数効果（3.4.4項），均衡予算の乗数効果（3.4.5項）についても，それぞれみていきます．さらに，開放経済の場合の乗数についても確認し（3.4.6項），最後にそれぞれの乗数の大きさの比較をおこないます（3.4.7項）．

1.3　第4章の概要

第3章では，国内総生産（GDP）の決定について，いくつかの図を使いながら考察し，国内総生産（GDP）が決定されるときには，「投資＝貯蓄」という関係が常に成り立っていることを確認します．本章では，この「投資＝貯蓄」という関係をもとにして，まず4.1節において国内総生産（GDP）と利子率の関係について分析を進めていきます．

企業が設備投資をおこなうためには，内部留保を使わない限り，そのための資金を借り入れなければなりません．資金を貸し付ける金融機関は，貸し付けをおこなうための資金を保有していなければなりませんが，この資金は金融機関への貯蓄によって生み出されています．したがって，投資がすべて借り入れによっておこなわれる場合は，投資額と同額の貯蓄が金融機関によって調達されなければなりませんが，これは，投資への需要に対して貯蓄がその供給をおこなっていると考えることができます．このように，投資が需要側にあり，貯蓄が供給側にある市場のことを**財市場**とよびますが，投資と貯蓄が等しくなっているとき，財市場は均衡しています．

第3章では，投資は（すでに決定された）ある定数として取り扱っていましたが，本章では，利子率と投資の関係を分析していくことによって，投資の大きさが利子率の水準によって変化することを確認していきます．この利子率と投資の大きさの関係は**投資関数**とよばれるもので表されますが，4.1.1項で，この投資関数について分析していきます．利子率の水準に対応して投資の大きさが決定されることを確認した後は，先ほどの「投資＝貯蓄」の関係から，国内総生産（GDP）の大きさが貯蓄によっても表されることを4.1.2項で確認していきます．

以上の分析によって得られた利子率と投資の大きさの関係（投資関数），および，国内総生産（GDP）と貯蓄の大きさ関係を使って，4.1.3節では，利子率と国内総生産（GDP）の関係について分析をおこないます．そして，利子率の水準と国内総生産（GDP）の大きさの負の関係を導出しますが，この関係を表した曲線が**IS 曲線**とよばれるものです．

次に，4.2節では，4.1節においてIS 曲線を導出する際に所与のものとして考えていた利子率の決定について考えていきます．そして，利子率の決定に関する考察を通して，利子率と国内総生産（GDP）の関係について考えていきます．

利子率はどのようにして決定されているのでしょうか．市場では，需要と供給の相互作用によって価格が決定されていますが，利子率も一種の価格と考えると，需要と供給の相互作用によって決定されていると考えられます．それでは，利子率の決定について考えるときの需要，および，供給とは何でしょうか．利子率とは，たとえば預金を解約したとき元金に対してある比率をかけた額が元金とは別に払い戻されますが，この比率のことを表しています．この元金とは別に払い戻されたものが利子収入です．

預金は貨幣を使っておこなわれますので，利子収入を得るために預金をおこないたいと思えば貨幣を手元にもっておかなければなりません．すなわち，貨幣に対する需要が発生することになるのです．この他にも，何か買い物をしたいときにも貨幣を手元にもっておく必要がありますので，貨幣に対する需要が発生しています．このような貨幣への需要について，4.2.1項で考えていきます．

一方，貨幣の供給は中央銀行（日本の場合は日本銀行）がおこないます．そして，貨幣供給量は中央銀行が決定しますので，ある定数となります．4.2.2項では，この貨幣供給と貨幣需要をもとにして貨幣市場の均衡について考えます．そして，均衡しているときに成立している関係式が，利子率と国内総生産（GDP）の関係を表していることを確認します．

貨幣市場が均衡しているとき成立している関係式が，利子率と国内総生産（GDP）の関係を表していることを使えば，国内総生産（GDP）のさまざまな大きさに対応する利子率の水準を求めることができます．このことを使って，4.2.3項では，利子率の水準と国内総生産（GDP）の大きさの関係を表した曲線を導出しますが，この曲線は**LM曲線**とよばれるものです．

4.1節ではIS曲線について分析をおこないますが，IS曲線は利子率を所与として，国内総生産（GDP）と利子率の関係を表したものです．そして，4.2節ではLM曲線について分析をおこないますが，LM曲線は国内総生産（GDP）を所与として，利子率と国内総生産（GDP）の関係を表したものです．このように，IS曲線とLM曲線は，どちらも国内総生産（GDP）と利子率の関係を表しているものですが，それぞれ所与としているものが逆になっています．そして，それぞれの曲線が所与としているものが，もう一方の曲線によって決定されるものになっています．

このことから，両方の曲線について同時に考えれば，すなわち，財市場と貨幣市場について，それぞれの均衡を同時に考えれば，利子率と国内総生産(GDP)は同時に決定されることになるのです．4.3節では，IS 曲線と LM 曲線を使って，両市場の同時的均衡について考察を進めていきます．

両市場の同時的均衡について確認した後は，財政政策と金融政策の効果について，それぞれ分析を進めていきます．IS 曲線は，財政政策をおこなうことによって変化しますが，どのように変化するのかについて4.3.2項で分析をおこないます．そして，財政政策によって IS 曲線は右方向に移動することが確認されます．一方，LM 曲線は，金融政策をおこなうことによって変化しますが，どのように変化するかについて4.3.3項で分析をおこないます．そして，金融政策によって LM 曲線は右方向に移動することが確認されます．

以上の分析にもとづいて，4.4節では，財政・金融政策の効果について考察をおこないます．最初に，財政政策のみがおこなわれた場合に利子率と国内総生産（GDP）に及ぼされる影響について分析をおこない，次に，金融政策のみがおこなわれた場合の分析をおこないます．そして，最後に，２つの政策が同時におこなわれた場合の分析がおこなわれます．

1.4　第５章の概要

第４章（IS-LM 分析）では，経済全体が財市場と貨幣市場の２つの市場から構成されていると想定して，財市場における GDP の決定に関する分析，および，貨幣市場における利子率の決定に関する分析がそれぞれおこなわれます．そして，この２つの分析を合わせることによって，経済全体における GDP と利子率の同時的決定について分析がおこなわれます．また，その分析の枠組みに財政政策，および，金融政策を導入することで，これらの経済政策が GDP や利子率におよぼす影響についても考察が進められます．

しかしながら，第４章における財市場の分析においては，消費関数にもとづいた貯蓄の決定，および，投資関数にもとづいた投資の決定を受けて，GDP

の大きさがそれらの合計額として（受身的に）決定されており，経済全体の産出量そのものがどのように決定されているのかについては何もふれていません．すなわち，消費関数は消費への需要を，投資関数は投資への需要をそれぞれ表していますので，第4章での分析においては，この2つの需要の大きさの合計額に等しくなるように産出量が（受身的に）決定されるという想定のもとで考察が進められているのです．

しかしながら，このように需要側の要因のみに依存してGDPの大きさが決定されるという想定は，供給側の要因を捨象したままで経済全体について考察することになってしまっていますので，この章では第4章における分析に経済全体の産出量（すなわち供給）の決定に関する分析を導入することによってIS-LM分析に供給側の要因を導入し，需要側と供給側の両要因を含んだ（完全な）形での分析を進めることにします．

産出量の決定に関する分析を追加するために，経済全体の産出量を表す**マクロ生産関数**を分析に導入しますが，分析をできるだけ簡単なものにするために，産出量は（資本については考えず）経済全体の雇用量によってのみ決定されるものとします．雇用量によって産出量の決定を考える場合には，最終的な雇用量の決定に至る前の段階として，労働需要の分析，および，労働供給の分析を導入する必要がありますが，これら分析はいわゆる**労働市場**の分析になります．すなわち，本章では第4章の分析には登場しなかった労働市場の分析を導入していきます．

労働への需要については，マクロ生産関数をもとにした（経済全体を1つの企業と想定したときの）利潤最大化条件にもとづいて労働への需要が決定されるという考え方で分析を進めます．一方，労働の供給については，賃金水準にもとづいて労働供給がどのように決定されるかについて考察しなければなりません．このとき，労働の賃金には名目額と実質額があることに注意する必要があり，名目額は同じでも物価水準が高くなれば実質賃金は安くなり，逆の場合は実質賃金は高くなります．すなわち，物価水準によって実質賃金が変化し，その変化を受けて労働供給が変化すると考えられますので，労働供給について分析をおこなう際には物価水準を分析に導入する必要があります．このことから，第4章における分析には物価水準も導入されることになります．

以上のような想定のもとで，まず，5.1節で**総需要曲線**を導出しますが，総需要曲線とは，財市場と貨幣市場を同時に均衡させるGDPと物価水準の組合せを表した曲線のことです．第4章のIS-LM分析に物価水準を導入することで導出していきます．

次に，5.2節で財政政策や金融政策が総需要曲線にどのような影響を与えるかについて分析をおこないます．この分析においても，第4章のIS-LM分析をもとにして，それぞれの政策の影響を考察し，総需要曲線がシフトする方向について確認します．総需要曲線についての分析の後は，5.3節と5.4節で総供給曲線を導出するための準備的な分析を進めていきます．総供給曲線を導出するためには，労働需要と労働供給について，それぞれ分析をおこなわなければならないため，まず5.3節では，**労働需要関数**についてマクロ生産関数をもとに分析を進め，実質賃金率と雇用量の関係から労働需要関数を導出します．次に，5.4節では，実質賃金率と労働供給の関係から労働供給曲線を導出します．このとき，ミクロ経済学で取り扱う家計の労働と余暇の選択について考慮しながら分析を進めていきます．

5.5節では，労働需要関数と労働供給関数をもとにして労働市場の均衡について考察をおこないます．労働市場の均衡については古典派経済学の考え方とケインズ派経済学の考え方があるのですが，ここでは，ケインズ派経済学が想定する**賃金の下方硬直性**を前提としながら，労働市場の均衡について分析をおこない，**総供給曲線**を導出します．

最後に，導出された総需要曲線と総供給曲線を使ってGDPと物価水準の決定について考察します．そして，その考察をもとにして，財政政策や金融政策がGDPと物価水準に与える影響について分析をおこないます．

第2章　GDPの基礎

第1章でも簡単に第2章の概要を説明しましたが，この章では「GDP」という言葉が表す内容について考えていきます．次節以降で詳しく考察しますが，GDPとは，簡単に言うと，1国において一定期間に新しく作り出したものの総額を表した言葉です．すなわち，新しく生産されたものの総額ということになりますので，まずは生産額を規準にして考えていくことになります．

次に，生産されたものは販売されていきますが，それを購入した側からみると，生産されたものに対して支出がおこなわれることになります．このことから，支出額を規準にしてGDPを考えることもできます．

最後に，生産されたものに対して支出がおこなわれると，生産した側は所得を得ることになりますが，このことから所得額を規準にしてGDPを考えることもできるのです．次節以降において，この3つの方法のそれぞれによってGDPについて考えていきます．

2.1　生産面からみたGDP

この節では，GDPについて，さきほどの3つの方法の中から，まず生産額を規準にして考えていくことにします．

景気が良い，あるいは，悪いという表現を耳にすることがありますが，どのようなときに景気が良いという表現を使い，どのようなときに景気が悪いという表現を使うのでしょうか．あるいは，何を規準にして良い・悪いといっているのでしょうか．

GDPという言葉を耳にしたことがあると思います．これは，英語のGross Domestic Productの３つの頭文字をとってGDPといっているのですが，日本語に直すと**国内総生産**という言葉になります．景気が良いとか悪いとかいうときには，このGDPの値が（たとえば，前年と比較して）大きくなっている，あるいは，小さくなっているということを規準にして，良い・悪いということがいわれているのです．

それでは，このGDPとはいったい何でしょうか．このことを考えていくためには，まずGNPという言葉について知っておかなければなりません．そこで，GNPという言葉の意味していることから確認していくことにしましょう．

GNPとは，英語のGross National Productの３つの頭文字をとったものですが，日本語に直すと**国民総生産**という言葉になります．これは，「１国の国民が１年間または四半期（四半期とは１～３月，４～６月，７～９月，10～12月の各３ヶ月のことで，四半期ごとに統計が発表されています）に経済活動を通じて生産した**付加価値**の総額のこと」を表した言葉です．

ここで「１国の国民」とは，日本の場合，国内に６ヶ月以上居住している人々のことを指しており，外国人であっても，国内で６ヶ月以上経済活動（生産・消費活動）に従事していれば「日本の国民」に含まれることになります．

また，付加価値とは，一定期間に生み出された生産額から**中間生産物**を差し引いた残りの額のことです．ここで，中間生産物とは，生産活動に使われる原材料などのことですが，付加価値を考える場合，なぜ生産額から中間生産物を差し引かなければならないのでしょうか．このことを，次の例を使って考えてみましょう．

ある国の国内に企業A，企業B，企業Cの３つの企業が存在しているとします．これらの企業はお互いに相互依存関係をもっており，企業Aの生産物は企業Bの生産活動のための原材料になり，企業Bの生産物は企業Cの生産活動のための原材料になっているとしましょう．

一定期間に，たとえば企業Aが100万円分の生産物を生産したとします．企業Bは，その生産物を原材料として200万円分の生産物を生産し，企業Cは企業Bの生産物を原材料として300万円分の生産物を生産したとしましょう．これらの生産額を単純に累計すれば，この国の生産額は100万円＋200万円＋300万円＝600万円ということになります．しかしながら，この計算は正しいでしょうか．

たとえば，企業Bは200万円分の生産物を生産していますが，原材料として企業Aの生産物を100万円分使っていますので，企業Bが新しく作り出した部分は，200万円－100万円＝100万円ということになります．同様に，企業Cは300万円分の生産物を生産していますが，原材料として企業Bの生産物を200万円分使っていますので，企業Cが新しく作り出した部分は300万円－200万円＝100万円ということになります．なお，企業Aについては，原材料は何も使っていませんので，新しく作り出した部分は生産物の100万円ということになります．

以上のことを図を使って表すと，**図2-1**のようになります．

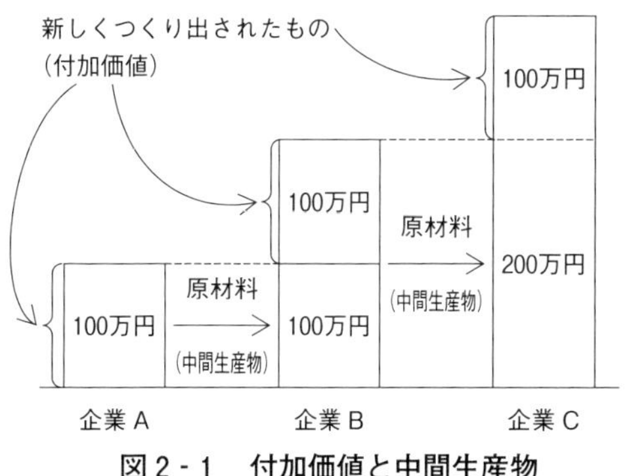

図2-1　付加価値と中間生産物

これらの新しく作り出した部分を累計すると，100万円＋100万円＋100万円＝300万円となりますが，これが，この国が一定期間に作り出した付加価値の総額であり，GNPの大きさということになるのです．以上のことから，次の関係を確認することができました．

$$国民総生産（GNP）＝生産額－中間生産物 \tag{2.1}$$

このように，国民総生産（GNP）は一定期間内に生産活動によって新しく生産されたものを測っているのですが，一定期間内に新しく生産されたものは**フロー**とよばれます．それに対して，その期間以前にすでに生産されて存在している生産設備などは**ストック**とよばれます．したがって，本章の分析では，フローのみが分析対象となっています．

生産活動をおこなうときには生産設備を使いますが，たとえば，この生産設備が10年で使えなくなるとしましょう．この生産設備の価格が100万円であったとすると，平均すれば1年で$\frac{100万円}{10年}$＝10万円分ずつ使えなくなっていくことになります．この生産能力の低下した部分（を金額でとらえたもの）のことを**固定資本減耗**とよんでいます．

固定資本減耗を国民総生産から差し引いた残りの部分のことを**国民純生産**とよんでいます．なお，国民純生産は英語でNet National Productといいますので，3つの頭文字をとってNNPと表現されます．

$$国民純生産（NNP）＝国民総生産（GNP）－固定資本減耗 \tag{2.2}$$

(2.1)，(2.2) より，国民総生産，中間生産物，国民純生産，固定資本減耗の関係を**図2-2**のように表すことができます．

国民総生産（GNP）について基本的なことを確認することができましたので，ここで，この節の最初に登場した国内総生産（GDP）との違いについてみておきましょう．よく似ている言葉なのですが，「国民」ではなく「国内」に着目

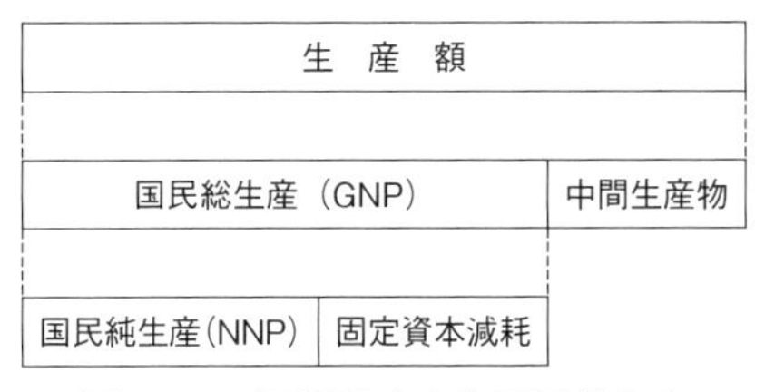

図2-2　国民総生産と国民純生産

している点が異なっています．すなわち，「国民」という場合は「人」を重視していますが，「国内」という場合は「地域」を重視しているということになります．

国民総生産（GNP）の意味について確認したとき，「1国の国民」という表現が登場しました．そして，日本の場合には「外国人であっても，国内で6ヶ月以上経済活動（生産・消費活動）に従事した人」も含まれていました．

しかしながら，国内にいる外国人が生産活動によって生み出したものは，必ずしも国内に留まっているとは限りません．たとえば，いわゆる外資系企業の場合は，収益の一部がその企業の本社がある外国へ支払われますので，この支払い部分は国民総生産には含まれなくても，国内総生産には含まれることになります．逆に，国内の企業が海外で現地生産をおこない，その収益の一部を国内に受け入れている場合は，その収益は国民総生産には含まれても，国内総生産には含まれないことになります．

このように，海外へ収益を支払ったり，海外から収益を受け入れたりすることを，それぞれ**海外への要素所得の支払い**，**海外からの要素所得の受け取り**といいます．そして，両者の差額（海外からの要素所得の受け取り－海外への要素所得の支払い）のことを**海外からの純要素所得**といいます．

以上のことから，国民総生産，国内総生産，海外からの純要素所得の関係は次のように表すことができます．

国内総生産（*GDP*）＝国民総生産（*GNP*）－（海外からの要素所得の受け取り－海外への要素所得の支払い）
＝国民総生産（*GNP*）－海外からの純要素所得　(2.3)

図２-３　国民総生産，国内総生産と海外からの純要素所得

(2.3) より，国民総生産と国内総生産の関係は**図２-３**のように表すことができます．

従来は，国民総生産（GNP）が１国の経済活動の水準を表すものとして使われていたのですが，現在では，世界各国において国内総生産（GDP）が使われるようになってきています．日本でも1993年から使われるようになりました．これは，次のような理由によるものです．

(2.3) や**図２-３**で確認したように，国民総生産（GNP）には海外からの純要素所得が含まれています．今日では，国際的な資本移動や労働移動が活発化しており，海外からの純要素所得が国民総生産（GNP）の中で大きなウェイトを占めるようになってきています．そのため，その分だけ，国民総生産（GNP）は国内の生産動向を正確に反映したものではなくなってきているのです．このような状況から，一国の経済活動の水準を表すものとして国内総生産（GDP）が使われるようになってきています．

2.2　支出面から見たGDP

前節では，GDP について生産額を規準にして考えてきましたが，この節では，２つ目の方法である支出額を規準として考えていきましょう．

生産されたものは，そのまま放置されていたのでは生産額として計上することはできません．生産されたものは，誰かが使用して消費することで，はじめて生産額として計上されるのです．誰かが使用して消費するためには，（当たり前のことですが）生産されたものを購入しなければなりません．そして，購入するということは，購入するものに対して支出をおこなうということでもあります．そこで，この節では支出という側面から国民総生産について考えていくことにしましょう．

このように支出面からみた国民総生産は**国民総支出**とよばれるものですが，英語で表現するとGross National Expenditureとなりますので，この表現の3つの頭文字をとってGNEとよばれています．

生産されたものに対する支出は，大きく分けて消費支出と投資支出に分けられますが，まずは消費支出についてみていきましょう．

消費支出とは，文字通り消費するために購入するものに対する支出のことですが，大きく**民間最終消費支出**と**政府最終消費支出**に分けられます．

$$消費支出=民間最終消費支出+政府最終消費支出 \qquad (2.4)$$

民間最終消費支出は，主に家計が最終消費財の購入にあてた金額のことですが，もう少し詳しくいうと，家電，家具，自動車などの耐久消費財，衣料，はきもの，化粧品などの半耐久消費財，食料，光熱，医療，書籍などの非耐久消費財，家賃，保険料，教育費などのサービス消費にあてた金額のことです．

一方，政府最終消費支出は，一般政府（中央政府，地方政府および社会保障基金）による政府サービスの提供に対する費用が大部分を占めていますが，この費用とは，具体的には公務員への給与支払いなどのことです．

次に，投資支出についてみていきます．投資支出とは，企業や政府によって生産設備を購入するためにおこなわれる支出のことですが，まずは企業によっておこなわれる投資支出についてみてみましょう．

企業の投資支出は，**民間企業設備投資**と**民間企業在庫投資**に分かれていますが，前者は，工場を建設したり，機械設備を購入したりした金額の合計を表しており，後者は，製品に対する需要の増加に備えてあらかじめ余分に保有しておいたり，逆に，予想していたほど需要がなくて売れ残ってしまった製品を保有しておいた在庫の変動額のことを表しています．また，生産とは関係がありませんが，家計が購入する住宅については，**民間住宅投資**として投資支出に計上されています．

次に，政府によっておこなわれる投資支出についてみてみます．政府の投資は**公的資本形成**とよばれていますが，道路や橋など公共の施設を建設するために支出される金額の合計を表しているものです．

このように企業，家計および政府によっておこなわれる投資支出を合計したものが，投資支出全体ということになります．

投資支出＝民間企業設備投資＋民間企業在庫投資＋民間住宅投資
＋公的資本形成　(2.5)

ここまでは，国内の支出についてみてきましたが，たとえば日本の生産する自動車や電気製品に対しては外国からも多くの需要があります．したがって，外国からの国内製品に対する支出も考慮に入れなければならず，これらの外国からの支出のことを財・サービスの輸出とよんでいます．

一方，外国で生産された財・サービスを国内で消費する場合もあります．このような外国製品に対する支出は，国内で生産された財・サービスへの支出とは別のものです．したがって，国内での支出を計算するときには，外国で生産された財・サービスへの支出，すなわち財・サービスの輸入は除いて考えなければなりません．輸出から輸入を除いたもののことを**純輸出**とよんでいます．

純輸出＝財・サービスの輸出－財・サービスの輸入　(2.6)

以上のことから，国民総支出は次のように表すことができます．

国民総支出＝民間最終消費支出＋政府最終消費支出＋民間企業設備投資

　　　　＋民間企業在庫投資＋民間住宅投資＋公的資本形成
　　　　＋財・サービスの輸出－財・サービスの輸入
　　　＝民間最終消費支出＋政府最終消費支出＋民間企業設備投資
　　　　＋民間企業在庫投資＋民間住宅投資＋公的資本形成＋純
　　　　輸出　　　　　　　　　　　　　　　　　　　　　(2.7)

国民総生産（GNP）として数値で表される新しく生産されたもの（付加価値）は，(2.7) で表されるような支出項目によってそれぞれ購入されるのですが，2.1節の (2.3) で確認したように国民総生産（GNP）には海外からの純要素所得が含まれています．

国内総生産（GDP）を考えるときは海外からの純要素所得を国民総生産（GNP）から差し引いていましたが，この国内総生産（GDP）に対応する支出のことを**国内総支出**といいます．すなわち，国民総支出から海外からの純要素所得に対応する支出を差し引いたものが国内総支出に対応するのです．なお，国内総支出は英語で Gross Domestic Expenditure といいますので，3つの頭文字をとって GDE といわれています．

国内総支出（*GDE*）＝国民総支出（*GNE*）－海外からの純要素所得　　(2.8)

2.3　分配面から見たGDP

GDP について2.1節では生産面，2.2節では支出面から見てきましたが，最後に所得面から GDP を見ていくことにしましょう．

2.2節で確認したように，（国民総生産（GNP）に計上される）新しく生産されたもの（付加価値）は，消費者，企業，政府それぞれの支出項目として購入され，消費されていきます．このように購入活動が行われるとき，購入されたものを生産した生産者（企業）はその売上げから所得を得ることになりますが，この節では，この所得の分配について考えてみましょう．

生産者（企業）は，生産設備および雇用する労働力を使って生産活動をおこないますので，生産物を販売することで得られた所得は，まず労働力を提供してくれた労働者に分配されることになります．これは**雇用者所得**とよばれるものですが，労働者に毎月支給される給与以外に企業が負担する社会保険料なども含まれています．

次に，生産設備に対しては，2.1節ででてきた固定資本減耗の分だけは分配しなければなりません．そうしなければ，設備の生産能力が低下し，企業の生産能力も低下してしまうからです．したがって，固定資本減耗の分は生産物の販売による所得から差し引かなければなりません．

また，生産物を販売する際には，政府によって**間接税**を徴収されるため，その分も生産物の販売によって得られる所得から差し引かなければならず，逆に，政府から**補助金**が支給される場合は，その分を加えなければなりません．

ここで，間接税とは，消費税，酒税，たばこ税などのことで，購入する人が販売価格に上乗せして販売者に支払う税金のことです．そして，その税金分は販売者から納税されることになります．また，補助金とは，国や地方自治体が公益上必要であると認めた場合に交付する金銭的な給付のことですが，さまざまなものがあります．ほんの一例ですが，中小企業等活路開拓事業助成，雇用調整助成金，建設業振興基金などがそれにあたります．

このように，生産物の販売によって生産者（企業）が得た所得は，雇用者所得として労働者に分配される部分，固定資本減耗の分だけ差し引かれる部分，間接税として徴収される部分，補助金として給付される部分にそれぞれ分かれます．そして，それらを差し引いた残りの部分のことを**営業余剰**といいます．

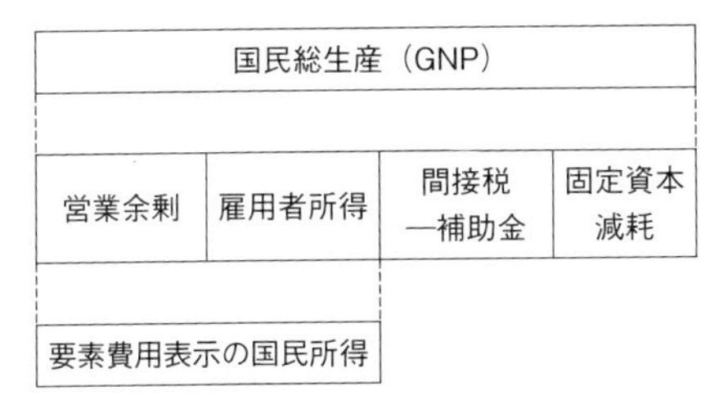

図2-4　国民総生産と要素費用表示の国民所得

営業余剰＝生産額（付加価値）－雇用者所得－固定資本減耗
　　－間接税＋補助金　(2.9)

営業余剰は，生産活動によって得られた所得を（(2.9) に示されているように）それぞれ分配した残りの部分ですが，これは誰に（何に）分配されるのでしょうか．生産者（企業）が生産活動をおこなうためには生産設備を購入しなければなりませんが，そのための資金は株式の発行や，銀行からの借り入れによって賄われています．そして，株式を購入して資金を提供してくれた株主に対しては**配当**を分配しなければならず，資金を貸し付けてくれた銀行には利子支払いをおこなわなければなりません．営業余剰は，これらの分配や支払いのために使われるのです．なお，これらの分配や支払いを行った後に残った営業余剰は，企業内の資金（**内部留保**）として貯蓄されることになります．

この営業余剰と雇用者所得の合計額を**要素費用表示の国民所得**とよんでいます．(2.9) より，国民総生産（GNP）と要素費用表示の国民所得の関係を**図2-4**のように表すことができます．

2.4　三面等価の原則

2.1節では，生産という側面から1国の経済活動の水準について考え，国民総生産（GNP），あるいは，国内総生産（GDP）について詳しくみてきました．

次に，2.2節では，生産されたものに対する支出という側面から一国の経済活動の水準について考え，国民総支出（GNE），あるいは，国内総支出（GDE）についてく詳しくみてきました．最後に，2.3節では，生産されたものに対する支出によって得られた所得がどのように分配されるかという側面から国民所得について詳しくみてきました．

ここまでみてきたことは，まず生産されたものがあり，次に生産されたものを購入する側から支出がおこなわれ，最後にその支出によって生産者は所得を得るという三段階の流れを，一国全体の経済活動という面から考えるということでした．この三段階の流れの中で，生産額は（生産額に対する支払いである）支出額と等しくなり，支出額は（その支出を受け取る側の）所得額と等しくなるはずです．

すなわち，生産額＝支出額＝所得額という関係が成立することになりますので，国民総生産（GNP）と国民総支出（GNE），および，要素費用表示の国民所得（＋間接税－補助金＋固定資本減耗）は等しくなっているはずです．このことは**三面等価の原則**とよばれています．

2.5 GDPの計算

ここまでの各節で国内総生産（GDP）に関する基礎的な知識を確認しましたので，国内総生産（GDP）の大きさを実際に計算してみることをやってみましょう．2.2節の（2.3）より，国民総生産（GNP）から海外からの純要素所得を差し引いたものが国内総生産（GDP）の大きさになります．

$$\text{国内総生産}(GDP) = \text{国民総生産}(GNP) - \text{海外からの純要素所得} \quad (2.3)$$

2.4節で紹介した三面等価の原則より，国民総生産（GNP）と国民総支出（GNE）は同じ大きさになります．

国民総生産（*GNP*）＝国民総支出（*GNE*）　(2.10)

(2.10) より，(2.3) を次のように書き換えることができます．

国内総生産（*GDP*）＝国民総支出（*GNE*）－海外からの純要素所得　(2.11)

(2.11) に2.2節の (2.7) を代入すると，次のようになります．

国内総生産（*GDP*）＝民間最終消費支出＋政府最終消費支出
＋民間企業設備投資＋民間企業在庫投資
＋民間住宅投資＋公的資本形成＋純輸出
－海外からの純要素所得　(2.12)

(2.12) は国内総生産（GDP）を計算するための式を表しています．すなわち，(2.12) の右辺にある各項にそれぞれ実際の数値を当てはめてやれば，GDPの値を求めることができるのです．

ただし，(2.12) の右辺にはたくさんの項が入っているため，GDPの大きさについて考えるには若干煩雑な式になってしまっています．そこで，いくつかの項ごとにまとめることで，もう少し簡単な式に直してみましょう．

まず，消費に関する項を「消費」として1つにまとめます．

消費＝民間最終消費支出＋政府最終消費支出　(2.13)

次に，民間の投資に関する項を「民間投資」として1つにまとめます．

民間投資＝民間企業設備投資＋民間企業在庫投資＋民間住宅投資　(2.14)

さらに，「公的資本形成」を「政府投資」という言葉に置き換えます．

公的資本形成＝政府投資　(2.15)

また，「純輸出」を輸出と輸入を使って表します．

$$\text{純輸出} = \text{輸出} - \text{輸入} \tag{2.16}$$

(2.13) ～ (2.16) を (2.12) に代入すると，GDP を表す式は次のように簡略化されます．

$$\begin{aligned}\text{国内総生産}(GDP) &= \text{消費} + \text{民間投資} + \text{政府投資} + \text{輸出} - \text{輸入} \\ &\quad - \text{海外からの純要素所得}\end{aligned} \tag{2.17}$$

(2.12) がかなり簡単な式に直されましたが，さらに簡単にするために，たとえば，海外への要素所得の支払いと海外からの要素所得の受け取りが等しくなっている状況を想定し，海外からの純要素所得をゼロとおくと (2.17) は次のようになります．

$$\text{国内総生産}(GDP) = \text{消費} + \text{民間投資} + \text{政府投資} + \text{輸出} - \text{輸入} \tag{2.18}$$

(2.18) は，国内総生産 (GDP) をもっとも簡単な式で表したものです．第3章では，この (2.18) をもとにして GDP の決定メカニズムについて考えていきます．

それでは，第3章に進む前に，国内総生産 (GDP) の計算について，以下の具体例で少し練習してみましょう．

具体例

国民経済計算のためのデータが以下のように与えられているとします．このデータにもとづいて，国内総生産(GDP)，国民総生産(GNP)，国民純生産(NNP) がいくらになるかについて，それぞれ考えてみましょう．

民間最終消費支出＝404，政府最終消費支出＝40

民間企業設備投資＝151，民間企業在庫投資＝７
民間住宅投資＝67，公的資本形成＝200
雇用者所得＝268，財・サービスの輸出＝77
財・サービスの輸入＝55，海外からの要素所得の受け取り＝19
海外への要素所得の支払い＝９，固定資本減耗＝35
間接税＝33，補助金＝３　（単位：兆円）

まず，2.2節の（2.7）（国民総支出を表した式）を思い出しましょう．（2.7）は次のような式でした．

国民総支出＝民間最終消費支出＋政府最終消費支出＋民間企業設備投資
＋民間企業在庫投資＋民間住宅投資＋公的資本形成
＋財・サービスの輸出－財・サービスの輸入

＝民間最終消費支出＋政府最終消費支出＋民間企業設備投資
＋民間企業在庫投資＋民間住宅投資＋公的資本形成
＋純輸出　(2.7)

この（2.7）の前半の式（最初の＝に続く式）にそれぞれのデータを当てはめると，次のようになります．

国民総支出＝404＋40＋151＋７＋67＋200＋77－55
＝891

2.4節で確認しましたが，国民総支出は国民総生産（GNP）と等しくなっています（三面等価の原則）．したがって，国民総生産（GNP）は891兆円になっています．

次に，2.2節の（2.8）（国内総支出と国民総支出の関係式）を思い出しましょう．（2.8）は次のような式でした．

$$\text{国内総支出}（GDE）=\text{国民総支出}（GNE）-\text{海外からの純要素所得} \quad (2.8)$$

先ほど求めた国民総支出の額，および，与えられているデータを（2.8）に当てはめると次のようになります．

$$\begin{aligned}\text{国内総支出}（GDE）&=\text{国民総支出}（GNE）-\text{海外からの純要素所得}\\&=891-(19-9)\\&=881\end{aligned}$$

2.4節で確認したもう1つのことは，国内総支出（GDE）は国内総生産（GDP）に等しくなっているということでした．したがって，国内総生産（GDP）は881兆円になっています．

最後に，国民純生産（NNP）について考えましょう．国民純生産（NNP）は2.1節の（2.2）で表されていました．

$$\text{国民純生産}（NNP）=\text{国民総生産}-\text{固定資本減耗} \quad (2.2)$$

先ほど求めた国民総生産の額と固定資本減耗のデータを（2.2）に代入します．

$$\begin{aligned}\text{国民純生産}（NNP）&=\text{国民総生産}-\text{固定資本減耗}\\&=891-35\\&=856\end{aligned}$$

国民経済計算のためのデータが与えられれば，このような計算によって国民総生産（GNP）の大きさや国内総生産（GDP）などの大きさを求めていくことができるのです．

第3章　GDPの決定メカニズム

第1章でも簡単に第3章の概要を説明しましたが，この章では，GDPの決定メカニズムについて，図を使いながら詳しくみていきます．国内総生産(GDP)の大きさは，消費の大きさ，民間投資の大きさ，および，政府投資の大きさによって決定されます．すなわち，これら3つの項目の大きさがそれぞれ決定されれば，国内総生産（GDP）の大きさが決定されることになるのです．

以下の各節において，これらの項目についてそれぞれみていくことにしますが，政府投資については，分析を簡単にするためにゼロとおくことにしますので，国内総生産（GDP）の大きさを決定する項目は，消費と投資の2つになります．

2つの項目のうち消費の大きさがどのように決定されるのかについて考えるために**消費関数**を紹介します．そして，国内総生産（GDP）と消費の関係を図を使って考えていきますが，消費関数を使うことによって，同時に，**貯蓄関数**についても考えることができます．

もう1つの項目である投資については，分析を簡単にするために，ある大きさ（定数）に最初から決定されているものとして分析を進めていきます．なお，投資の決定に関しては第4章で改めて考察していきます．

国内総生産（GDP）の決定について図を使って考えるとき，重要な役割を演じるものに**45度線**があります．45度線の役割は，縦軸の値と横軸の値を同じにすることですが，この45度線についても少し詳しくみていきます．そして，消費関数と45度線をもとにして，国内総生産（GDP）の決定について図を使って考えていきます．

国内総生産（GDP）の決定について考察するために使った図と**完全雇用**の概念を使って，**インフレ・ギャップ**，**デフレ・ギャップ**について考えていきます．そして，これらのギャップを解消して，完全雇用のGDPを実現するためにはどうすればよいかについて考えていきます．

デフレ・ギャップが存在する場合には，たとえば公共投資を増加させることによってGDPを増加させ，デフレ・ギャップを小さくすることができます．そして，もしデフレ・ギャップを完全に解消することができれば，完全雇用を実現することも可能になります．

しかしながら，公共投資によって投資をある大きさだけ増加させたときGDPがどのくらい増加するかについては，図を使った分析からだけでは確認することができません．このことを確認していくためには，GDPの決定式にもとづいて，GDPがどのくらい増加するのかについて考えなければなりません．具体的には，投資が増加する前のGDPと投資が増加した後のGDPを比較することで変化の大きさを求めることができます．そして，投資の増加額の何倍かのGDPが生み出されることが確認できますが，この比例定数のことを**投資乗数**とよんでいます．

投資の増加によって，その増加額の何倍かのGDP生み出されることが投資乗数によって確認されますが，民間の投資がうまく増加しないときには政府がその肩代わりをしなければなりません．政府が投資をおこなった場合の乗数を**財政乗数**とよんでいますが，その効果は投資乗数と全く同じになります．他にも，投資乗数と同様の考え方を使って，一括税の場合の増税（減税）の乗数効果，比例税の場合の乗数効果，均衡予算の乗数効果についても，それぞれみていきます．さらに，開放経済の場合の乗数についても確認し，最後にそれぞれ

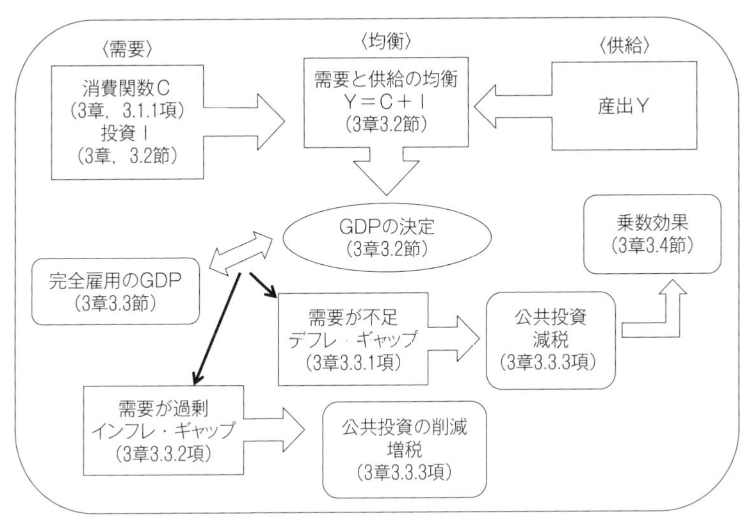

図3-1　第3章における分析のイメージ図

の乗数の大きさの比較もおこなってみます．

以上，第3章における分析の概要を述べてきましたが，第3章の分析全体をイメージとしてとらえると，**図3-1**のようになります．

3.1　GDP決定の基礎

この節では，GDPの決定メカニズムについて考えていくための基本となる式について確認していきます．第2章の2.5節では，GDPを簡単に表すために，(2.18) のようにGDPの式を表していました．

$$\text{国内総生産}\ (GDP) = \text{消費} + \text{民間投資} + \text{政府投資} + \text{輸出} - \text{輸入} \tag{2.18}$$

この (2.18) をもとにしてGDPの決定メカニズムについて考えていきますが，そのために (2.18) をもう少し簡単な式に直しておくことにします．

(2.18) の右辺には，「輸出」と「輸入」の項がありますが，両者が同じ大きさになる（貿易収支が均衡している）場合は，２つの項が相殺し合って両方の項が消えてしまうことになります．すなわち，輸出と輸入が同じ大きさになる状況を想定するのであれば，(2.18) は次のように書き直すことができます．

$$\text{国内総生産}（GDP）＝\text{消費}＋\text{民間投資}＋\text{政府投資} \tag{3.1}$$

実際には，輸出と輸入が同じ大きさになることは，なかなか実現しないことですので，(3.1) のようにGDPの式を想定することには少し無理があるのですが，ここではGDP決定のメカニズムについて，なるべく簡単な式を使って考えていきたいので (3.1) を前提として考察を進めていくことにします．

ここで，(3.1)を取り扱いやすくするために，いくつかの記号を設定しましょう．国内総生産（GDP）をY，消費をC，民間投資をI，政府投資をGと，それぞれ記号で置き換えれば (3.1) は次のような式になります．

$$Y=C+I+G \tag{3.2}$$

(3.2)をさらに単純な式にするために，政府が投資を一切おこなわない状況（G＝０）も想定しましょう．すると，(3.2) は次のように簡単な式になります．

$$Y=C+I \tag{3.3}$$

本章でGDPの決定メカニズムについて考えるときは，その基本となる式として，この (3.3) を使っていくことにします．そして，GDPの決定に対する政府の役割などについて考える場合には政府投資（G）の含まれている (3.2) を使って分析を進めることにします．

(3.3) より，右辺第１項のC（消費）の大きさ，および，第２項のI（民間投資）の大きさが決定されれば左辺のY（GDP）の大きさが決定されることになります．そこで次の節では，まず消費Cの大きさがどのように決定されるのかについて考えていきましょう．

3.1.1　消費関数

この項では，(3.3) の右辺第1項の消費Cの大きさがどのように決定されるのかについて考えていきます．Cは国全体の消費水準を表しているのですが，その水準を決定しているのは**消費関数**とよばれるものです．国全体について考えていますので，消費関数は個別の家計の消費ではなく，個別の家計の消費を国全体として集計したものを表していることに注意しましょう．

消費は，大きく分けて2つの部分から構成されていると考えられます．1つは，所得の大きさとは無関係に最低限必要となる消費の部分であり，**基礎消費**とよばれるものです．これは，食料や衣料など生活のために最低限必要なものの消費に対応する部分であり，ある大きさの定数と考えられます．なお，国全体を考えていますので，ここでの所得とはGDPのことを意味しています．

もう1つは所得の大きさに対応して変化する消費の部分です．一般的に所得が増加すれば消費も増加し，所得が減少すれば消費も減少する傾向がみられます．そこで，ここでは所得と消費の間に単純な比例関係があると考え，所得の一定割合を消費すると考えることにしましょう．そうすれば所得が増加するとき消費も増加し，所得が減少すれば消費も減少することになります．

以上より，消費を構成する2つの部分を足し合わせて，消費の大きさを次のような式で表すことにしましょう．

$$C = a + cY \tag{3.4}$$

(3.4) は消費関数とよばれるものですが，左辺のCは（国全体の）消費の大きさを表し，右辺第1項のaは（国全体の）基礎消費を，右辺第2項にあるYはGDPの水準をそれぞれ表しています．第2章の2.4節で考えたように，GDPの水準は一国の所得水準となります．また，cは，Yの変化に対して消費がどれだけ変化するかを表した比例定数ですが，これはGDPの1単位の変化に対して消費が何単位変化するかを表したものであり，**限界消費性向**とよばれるものです．このことから，右辺第2項のcYは，所得（ここではGDPの水準）に比

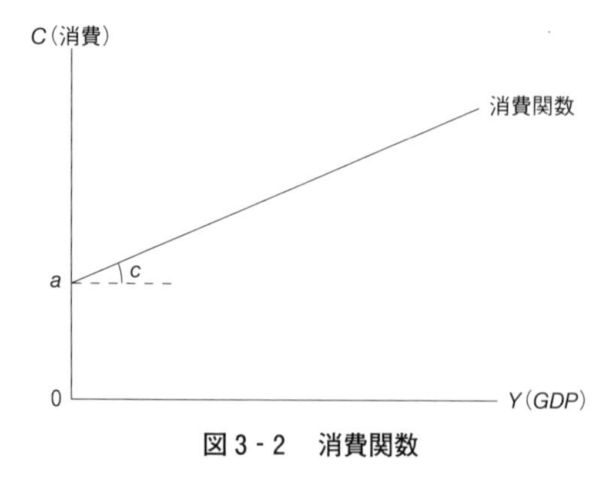

図 3 - 2　消費関数

例した（国全体の）消費の水準を表していることになります．すなわち，さきほど想定しましたように所得の一定割合を消費していることを表しています．

それでは，(3.4) をもとにして，GDP と（国全体の）消費の関係を図で表してみましょう．(3.4) は縦軸に消費 C，横軸に Y（GDP）を測ると，**図 3 - 2** のように描くことができます．後に，3.2節においてGDPの決定について図を使いながら考えていきますが，その際に消費関数が重要な役割を演じることになります．

3.1.2　貯蓄関数

この項では，3.1.1項で登場した消費関数をもとにして**貯蓄関数**について考えていきます．

貯蓄は，所得から消費をおこなった残りの部分です．すなわち，単純に所得から消費を差し引いた残りが貯蓄ということになりますので，貯蓄をSで表すと，次のような式で表されることになります．

$$S = Y - C \tag{3.5}$$

消費Cは (3.4) の消費関数によって表されていましたので，これを (3.5) のCへ代入すると貯蓄Sを次のように表すことができます．

$$
\begin{aligned}
S &= Y - C \\
&= Y - (a + cY) \\
&= -a + (1 - c)Y \qquad (3.6)
\end{aligned}
$$

(3.6) は貯蓄関数とよばれるものですが，この式は，次のようなことを意味しています．

限界消費性向cに所得Yをかけた cY は，所得がYのときの消費の大きさを表していますので，所得Yから cY を差し引いた（1－c）Yは貯蓄の大きさを表していると考えたくなります．しかしながら，たとえ所得Yがゼロであったとしても，最低限必要な消費である基礎消費aは必ずおこなわなければなりません．このことから，基礎消費の分は，一見貯蓄の大きさと考えたくなる（1－c）Yから差し引いておかなければならないのです．なぜなら，基礎消費aは，所得の大きさと関係なく，たとえ所得がゼロであったとしても必ず支出しなければならない部分だからです．

(3.6) を，縦軸に貯蓄S，横軸にY（GDP）を測って表すと**図3-3**のように

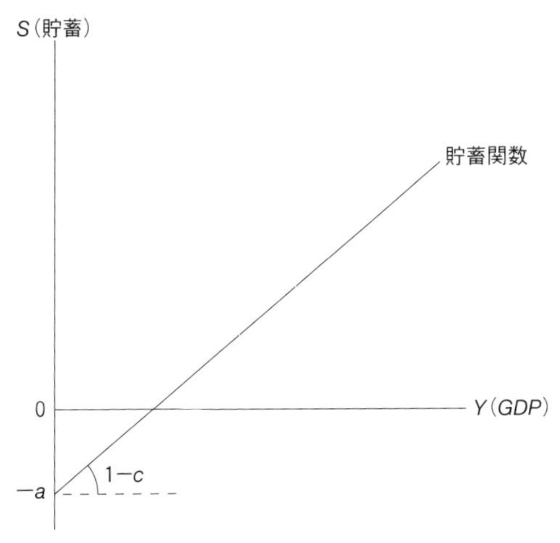

図3-3　貯蓄関数

なります.

さきほども述べましたが，基礎消費aは，所得の大きさに関係なく必ず支出される部分になりますので，所得Y（GDP）がゼロである縦軸上では，マイナスの貯蓄（大きさは−a）になり，切片の大きさで表されることになります.

3.1.3　45度線

この項では，次の節でGDPの決定について図を使って考えるときに重要な役割を演じる**45度線**をについて確認しておきます．45度線とは，**図3-4**に示されているように，文字通り45度の傾きをもった原点を通る直線のことです.

図3-4に示されているように，たとえば，縦軸の10の目盛りのところから（右方向に）出発して，45度線で（下方向に）折り返して横軸に達すると，横軸上の目盛りは，やはり10になっています．つまり，45度線で折り返せば縦軸の値と横軸の値が同じになるのですが，GDPの決定について図を使って考えるとき，この性質が重要な役割を演じることになるのです.

このことについて，少し考えてみましょう．3.1節の（3.3）で表されていたようにGDPの大きさは$Y=C+I$いう式で決定されますが，この式の左辺Yは GDPを表し，右辺の$C+I$は消費と投資の合計を表していました．そして，消

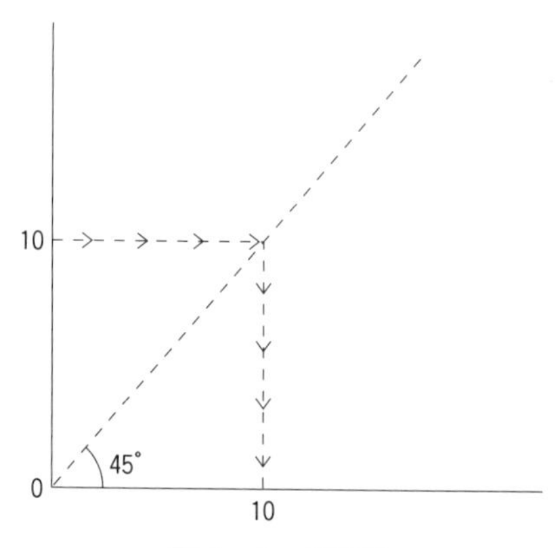

図3-4　45度線

費と投資の合計額でGDPの大きさが決定されることが表されていました．

このことを，**図3-4**を使って少し考えてみましょう．たとえば，**図3-4**の縦軸に消費と投資の合計を表したC+Iを測り，横軸にGDPを表したYを測れば，45度線で折り返すことで縦軸の値と横軸の値が等しくなるので，45度線上の点でY=C+Iが実現されることになります．すなわち，消費と投資の合計額でGDPが決定されている状態を45度線上の点は表しているのです．

次の節で，この45度線の性質をもちいながら，GDPの決定メカニズムについて詳しくみていきましょう．

3.2　GDPの決定

3.1節でも簡単に触れましたが，GDPの大きさを決定するものは消費Cと投資Iの合計です．そして，消費の大きさを決定するのは消費への需要ですが，ここでは，消費Cがそのまま消費需要の大きさを表していると考えることにします．また，投資の大きさを決定するのは投資への需要ですが，投資Iもそのまま投資需要の大きさを表していると考えることにしましょう．

消費への需要は，(3.4)，および，**図3-2**で表されている消費関数によって表されています．一方，投資への需要については，ここでは分析を簡単にするために，ある大きさの定数で表されているとしましょう．第4章では，投資への需要がどのようにして決定されているかについて考察を進めていきますが，ここではその決定プロセスは省略し，すでにある大きさに決定されているとしておきます．

図3-5には，消費関数と投資が描かれていますが，投資については，さきほど述べましたようにある定数として考えていますので，Iの大きさで水平なグラフになっています．そして，消費関数の切片aを投資Iの大きさだけ上方に移動させ，a+Iを切片として消費関数に平行に描かれたものが，消費+投資（C+I）を表したグラフになっています．

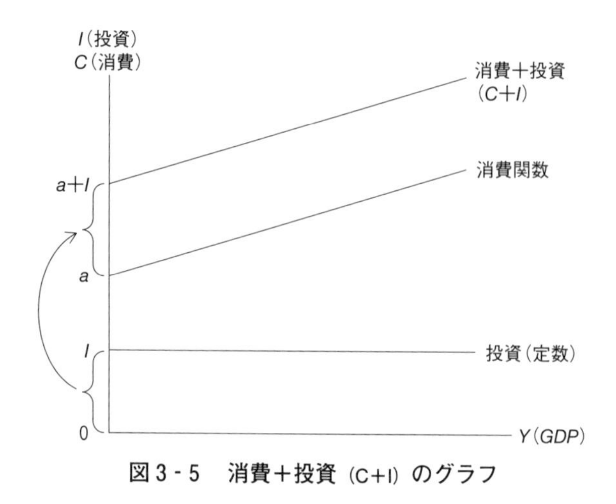

図3-5　消費＋投資（C+I）のグラフ

消費＋投資（C＋I）を表したグラフが得られましたので，このグラフをもとにしてGDPの決定について考えてみることにします．3.1節の（3.3）より，GDPはY＝C＋Iという関係によって決定されていました．（3.3）は，消費への需要Cと投資への需要Iがそれぞれある大きさだけ存在するとき，それぞれの需要の大きさとちょうど同じ大きさだけ消費財と投資財が供給されれば需要と供給が一致し，ある大きさのGDPが実現されることを表しています．このことを**図3-6**を使ってみてみましょう．

図3-6には，45度線と**図3-5**で得られた消費＋投資（C＋I）のグラフが描かれています．そして，2つの直線はE点で交わっています．E点は45度線上の点ですので，E点に対応する縦軸上の点C_E＋Iと横軸上の点Y_Eは同じ値になっています．このことから，$Y_E = C_E + I$という関係が成立することになりますので，3.1節の（3.3）の関係を満たすことになります．すなわち，E点でY_Eの大きさのGDPが実現されているのです．

このように，GDPの大きさは，消費＋投資（C＋I）を表した直線と45度線との交点で決定されることになるのです．

ここで，GDPが決定されているとき成立している条件について考えてみま

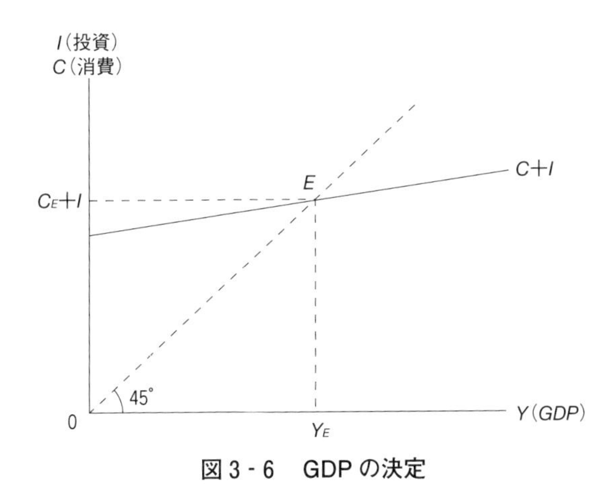

図3-6　GDPの決定

しょう．GDPが決定されているときはY=C+Iという関係式が成立していますが，この式を変形するとI=Y−Cとなります．さらに，この式に消費関数(3.4)を代入すると，

$$
\begin{aligned}
I &= Y - C \\
&= Y - (a + cY) \\
&= -a + (1 - c)Y \qquad (3.7)
\end{aligned}
$$

となります．(3.7)は，3.1.2項の貯蓄関数(3.6)と同じ形をしていますので，GDPが決定されているときにはI=S，すなわち，**投資=貯蓄**という関係が成立しているのです．

それでは次の節に進む前に，この節で確認したことを使いながら，具体例に当てはめていくことで国内総生産(GDP)の決定について少し考察してみましょう．

具体例3-1

ある国の国内総生産(GDP)が次の式で決定されているとします．

$$Y=C+I \text{ (Y：国内総生産 (}GDP\text{), C：消費, I：投資)} \quad (3.8)$$

また，消費関数C，および，投資の大きさIは，それぞれ次のように表されているとします．

$$\begin{cases} C=30+0.9Y \\ I=60 \end{cases} \quad (3.9)$$

このとき，この国の国内総生産（GDP）の大きさがいくらになるかを考えてみましょう．

GDPの大きさは3.1節の（3.3）で決定されていましたが，ここでは，（3.8）が同じ式になっています．消費関数と投資の大きさが（3.9）のように与えられていますので，（3.8）にそのまま代入します．

$$\begin{aligned} Y&=C+I \\ &=(30+0.9Y)+60 \\ &=0.9Y+90 \end{aligned} \quad (3.10)$$

（3.10）より，0.1Y＝90となりますので，Y＝900ということになります．したがって，この国の国内総生産（GDP）の大きさは900ということになるのです．

3.3　インフレ・ギャップとデフレ・ギャップ

ある国の国内に存在する労働力と生産設備のすべてを使い，何も遊休しているものはなく，生産能力を100パーセント出し切っている状態を**完全雇用**とよびます．そして，完全雇用の状態で実現されるGDPのことを完全雇用GDPとよんでいます．この節では，完全雇用GDPをもとにして，消費への需要Cと投資への需要Iの合計が完全雇用GDPを実現するためには不足している場合，および，過剰になっている場合についてそれぞれ考えていきます．

3.3.1　デフレ・ギャップ

まず，消費への需要と投資への需要の合計が完全雇用を実現するためには不足している場合について，**図3-7**を使って考えていきましょう．

完全雇用GDPの大きさをY_Fとします．そして，その大きさのGDPを実現する消費への需要と投資への需要の合計はC_F+I_Fであるとします．それに対して，現在の消費への需要と投資への需要の合計がC_E+I_Eであるとしましょう．すると，45度線との交点（E点）においてY_Eの大きさのGDPが実現されていることになります．

図3-7から明らかなように，現在の消費への需要と投資への需要の合計(C_E+I_E）から実現されるGDPであるY_Eは，完全雇用GDPであるY_Fよりも小さなものとなっています．なぜ，このようなことが起こるのでしょうか．

完全雇用GDPであるY_Fを実現するためには，消費への需要と投資への需要の合計を表した直線（C+Iのグラフ）が45度線上のF点を通らなければなりません．しかしながら，現在の状態は，消費への需要と投資への需要の合計を表した直線（C_E+I_Eのグラフ）が45度線上のE点を通っている状態です．F点を通るようにするためには，消費への需要と投資への需要の合計を表した直

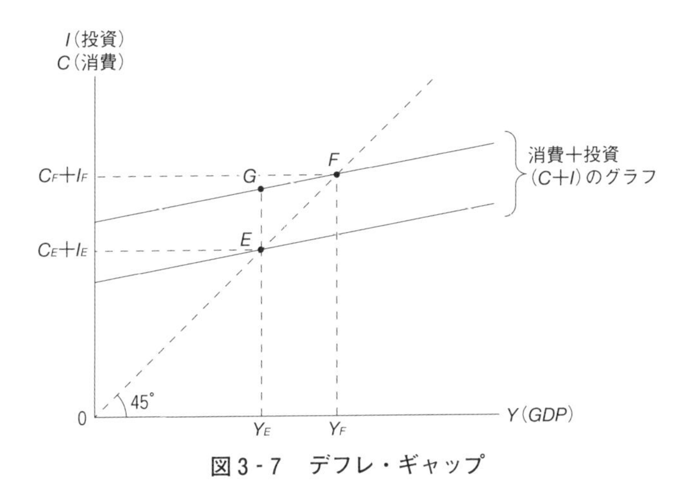

図3-7　デフレ・ギャップ

線を EG の幅だけ上方に引き上げてやらなければなりません．すなわち，EG の幅に対応する大きさだけ消費への需要と投資への需要の合計が不足している状態になっているのです．

このように消費への需要と投資への需要の合計が不足していると，国内の生産能力を100パーセント出し切れなくなります．なぜなら，Y_F の大きさの GDP を実現できる生産能力を国がもっているのに，それより小さい Y_E の大きさの GDP しか実現することができなくなっているからです．生産能力を出し切れないということは，労働力の面では失業が発生することになり，生産設備の面では遊休する設備が出てくるということになります．

失業が発生すると所得を得る機会を失う人々が出てくるので，国全体の購買力が低下することになります．購買力の低下によって消費への需要が減少してくると，市場では価格を低下させる力が働いてくるので価格水準は低下していくことになるでしょう．また，遊休する生産設備が出てくると，企業は生産設備の規模を縮小させていくことになるので，生産活動に必要な労働力も減少し，さらに失業が発生することになるでしょう．そして，さらなる購買力の低下により価格水準の低下に拍車がかかっていくでしょう．

このような状況は**デフレーション**とよばれています．**図3-7**の EG の幅に対応する大きさだけ消費への需要と投資への需要の合計が不足しているために，デフレーションが引き起こされているのです．このことから，EG の部分のことを**デフレ・ギャップ**とよんでいます．

3.3.2　インフレ・ギャップ

それでは，次に，消費への需要と投資への需要が過剰になっている場合について，**図3-8**を使って考えていきましょう．

図3-7と同様に，完全雇用の GDP の大きさを Y_F とします．そして，その大きさの GDP を実現する消費への需要と投資への需要の合計は C_F+I_F です．それに対して，現在の消費への需要と投資への需要の合計が C_H+I_H であると

しましょう．すると，45度線との交点（H点）にはY_Hの大きさのGDPが対応することになります．

完全雇用のGDPであるY_Fを実現するためには，消費への需要と投資への需要の合計を表した直線が45度線上のF点を通らなければなりません．しかしながら，現在の状態は，消費への需要と投資への需要の合計を表した直線が45度線上のH点を通っている状態です．F点を通るようにするためには，消費への需要と投資への需要の合計を表した直線をHJの幅だけ下方に引き下げなければなりません．すなわち，HJの幅に対応する大きさだけ消費への需要と投資への需要の合計が過剰な状態になっているのです．

このように，消費への需要と投資への需要の合計が完全雇用を実現する値よりも過剰な状態になってしまうと，国内の生産能力を100パーセント出し切っても間に合わなくなります．なぜなら，最大限Y_Fの大きさのGDPしか実現できないのに，それより大きいY_Hの大きさのGDPを実現しようとしているからです．

この状態になってしまうと，生産能力を100パーセント出し切って生産できるモノの量よりも，そのモノに対する需要の方が多くなっていますので，国全

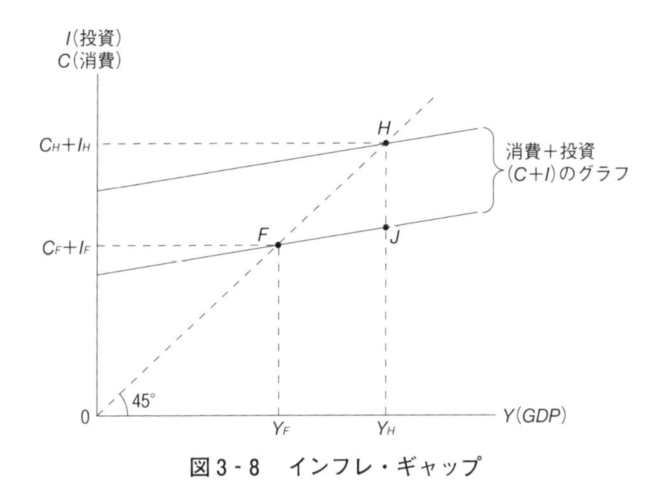

図3-8　インフレ・ギャップ

体としては品不足の状態になります．品不足の状態になると市場では価格を上昇させる力が働き，価格は上昇し続けるでしょう．このような状況は**インフレーション**とよばれています．**図3-8**のHJの幅に対応する大きさだけ消費への需要と投資への需要の合計が過剰になっているために，インフレーションが引き起こされているのです．このことから，HJの部分のことを**インフレ・ギャップ**とよんでいます．

3.3.3　ギャップの解消

デフレ・ギャップやインフレ・ギャップが存在していると完全雇用のGDPが実現できなくなりますので，完全雇用の状態も実現できなくなってしまいます．これらのギャップを解消し，経済を完全雇用の状態にもっていくにはどうすればいいでしょうか．

まず，デフレ・ギャップが存在する場合から考えてみましょう．**図3-7**で確認したように，消費への需要と投資への需要の合計が不足するとき，デフレ・ギャップが発生します．したがって，何らかの方法で不足する部分を補うことができれば，デフレ・ギャップを解消させることができます．どうすれば不足部分を補うことができるでしょうか．

このとき重要な役割を演じるのが政府になります．特に，投資への需要が不足している部分を政府による公共投資によって補うことができれば，消費＋投資（C+I）を表した直線を上方へ移動させることができ，GDPを増加させることができるでしょう．そして，経済の状態を完全雇用の状態に近づけていくことができます．不況時に公共投資の必要性が叫ばれるのは，このような理由があるからです．なお，政府による投資によってGDPがどのくらい増加するかについては，次の節で考察していきます．

次に，インフレ・ギャップが存在している場合はどうでしょうか．**図3-8**で考えたように，消費への需要と投資への需要の合計が過剰になっているとき，インフレ・ギャップが発生します．したがって，何らかの方法で過剰になっている部分を削減することができればインフレ・ギャップを解消することができます．それでは，どうすれば過剰な部分を削減することができるでしょうか．

このとき重要な役割を演じるのも，やはり政府ということになります．消費への需要を削減するためには，たとえば，今までよりも高い税金を徴収すること（増税）によって可処分所得を減少させ，そのことによって消費への需要を削減することができるでしょう．また，投資への需要を削減するためには，もし公共投資がおこなわれていれば，その投資額を削減することによって投資への需要を削減することができるでしょう．好況時に増税や政府支出の削減がおこなわれるのは，このような理由があるからです．なお，増税によってGDPがどのくらい減少するかについても次の節で考察していきます．

それでは，次の節に進む前に，インフレ・ギャップ，デフレ・ギャップについて，以下の例を使って具体的にみていきましょう．

具体例3‐2

ある国の国内総生産（GDP）が次の式で決定されているとします．

$$Y = C + I \quad (\text{Y：国内総生産}（GDP），\text{C：消費，I：投資}) \qquad (3.11)$$

また，消費関数C，および，投資の大きさIは，それぞれ次のように表されているとします．

$$\begin{cases} C = 50 + 0.8Y \\ I = 100 \end{cases} \qquad (3.12)$$

この国の完全雇用GDPの大きさが800であるとすると，デフレ・ギャップ，あるいは，インフレ・ギャップのどちらが存在し，かつ，その大きさはいくらになるかについて考えてみましょう．

まず最初に，この国のGDPの大きさがいくらになるかについて考えてみます．GDPの大きさは3.1節の(3.3)で決定されていましたが，ここでは，(3.11)

が同じ式になっています．消費関数と投資の大きさが（3.12）のように与えられていますので，（3.11）にそのまま代入します．

$$
\begin{aligned}
Y &= C + I \\
&= (50 + 0.8Y) + 100 \\
&= 0.8Y + 150 \qquad (3.13)
\end{aligned}
$$

（3.13）より，$0.2Y = 150$となりますので，$Y = 750$となります．したがって，この国の国内総生産（*GDP*）の大きさは750になるのです．

図3-7と**図3-8**を参照しながら，現在の状況を図示してみましょう．

図3-9に示されているように．現在，45度線と消費＋投資（C＋I）のグラフがE点で交わり，GDPの大きさが750に決定されています．その一方で，完全雇用GDPの大きさは800ですので，現在のGDPの大きさは完全雇用GDPを下回っている状態ですが，この状況は，**図3-7**に示されていた状況と同じです．すなわち，デフレ・ギャップが発生していることになります．

それでは，このデフレ・ギャップの大きさはどのくらいでしょうか．**図3-7**を参照すると，デフレ・ギャップの大きさは，**図3-9**ではDEの部分になります．DEの長さはFGの長さと同じですが，さらに，FGの長さはHJの長さと同じです．よって，HJの長さを求めることができれば，デフレ・ギャップの大きさを求めることができるのです．

そこで，HJの長さを計算するために，H点の値とJ点の値についてそれぞれ考えましょう．まず，H点についてですが，横軸の完全雇用GDPの800から45度線上のF点で縦軸方向に折り返したのがH点ですので，H点の値は800になります．

次に，J点についてですが，横軸の完全雇用GDPの800から消費＋投資（C＋I）のグラフ上のG点で縦軸方向に折り返したのがJ点ですので，消費＋投資（C＋I）のグラフを表した式にY＝800を代入したときの値がJ点の値になります．

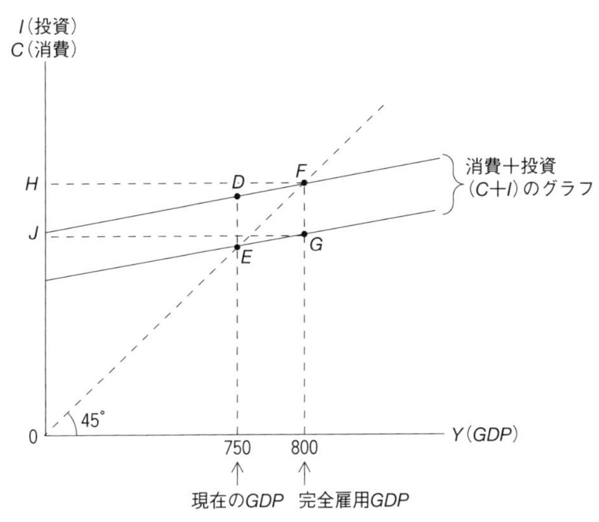

図3-9　具体例3-2の状況

消費＋投資（C＋I）のグラフを表した式は，(3.11) の右辺に (3.12) を代入すれば求められます．

$$
\begin{aligned}
Y &= C + I \\
&= (50 + 0.8Y) + 100 \\
&= 0.8Y + 150 \qquad (3.14)
\end{aligned}
$$

(3.14) の右辺のYに800を代入すると，次のようになります．

$$
\begin{aligned}
Y &= 0.8Y + 150 \\
&= 0.8 \times 800 + 150 \\
&= 790 \qquad (3.15)
\end{aligned}
$$

したがって，J点の値は790になります．

以上のことから，

$$
\begin{aligned}
\text{デフレ・ギャップの大きさ} &= \text{H 点の値} - \text{J 点の値} \\
&= 800 - 790 \\
&= 10 \qquad (3.16)
\end{aligned}
$$

となるのです.

デフレ・ギャップの大きさを求めることができましたので，インフレ・ギャップについても併せて考えてみましょう.

今度は，完全雇用 GDP の大きさが650であったとしましょう．この場合には，デフレ・ギャップとインフレ・ギャップのどちらが存在するのか，そして，その大きさはいくらになるのかについて，同様に考えてみましょう.

まず，この状況を図で示すと，**図 3 -10**のようになります.

現在，45度線と消費＋投資（C＋I）のグラフが E 点で交わり，GDP の大きさが750に決定されています．その一方で，今度は完全雇用 GDP の大きさが650ですので，現在の GDP が完全雇用 GDP を上回っている状態ですが，この

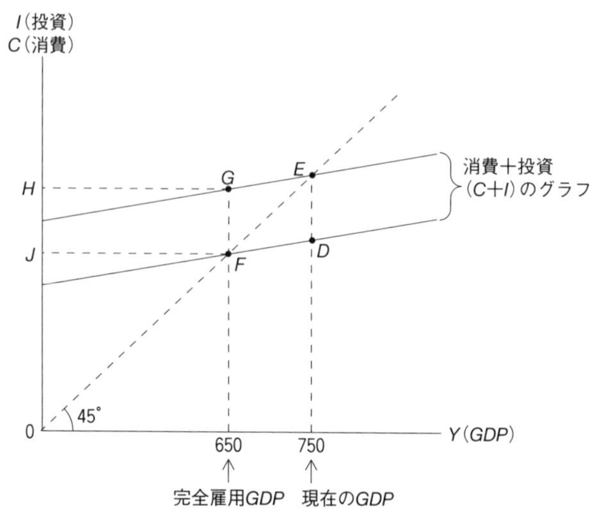

図 3 -10　現在の GDP が完全雇用 GDP より大きい場合

状況は，**図3-8**に示されていた状況と同じです．すなわち，インフレ・ギャップが発生しているのです．

それでは，このインフレ・ギャップの大きさはどのくらいでしょうか．**図3-8**を参照すると，インフレ・ギャップの大きさは，**図3-10**ではDEの部分になります．DEの長さはFGの長さと同じですが，さらに，FGの長さはHJの長さと同じです．よって，HJの長さを求めることができれば，インフレ・ギャップの大きさを求めることができます．

そこで，HJの長さを計算するために，H点の値とJ点の値について考えましょう．まず，J点についてですが，横軸の完全雇用GDPの650から45度線上のF点で縦軸方向に折り返したのがJ点ですので，J点の値は650になります．

次に，H点についてですが，横軸の完全雇用GDPの650から消費＋投資（C＋I）のグラフ上のG点で縦軸方向に折り返したのがH点ですので，消費＋投資（C＋I）のグラフを表した式にY＝650を代入したときの値がH点の値になります．

消費＋投資（C＋I）のグラフを表した式は，(3.11）の右辺に（3.12）を代入すれば求められます．

$$
\begin{aligned}
Y &= C+I \\
&= (50+0.8Y)+100 \\
&= 0.8Y+150
\end{aligned}
\qquad (3.17)
$$

(3.17）の右辺のYに650を代入すると，次のようになります．

$$
\begin{aligned}
Y &= 0.8Y+150 \\
&= 0.8\times 650+150 \\
&= 670
\end{aligned}
\qquad (3.18)
$$

したがって，J点の値は670になります．

以上のことから，

$$\text{インフレ・ギャップの大きさ} = \text{H 点の値} - \text{J 点の値}$$
$$= 670 - 650$$
$$= 20 \tag{3.19}$$

となるのです.

3.4　デフレ・ギャップと投資

3.3.1項において**図 3 - 7** を使って確認しましたが，デフレ・ギャップが存在する場合には，たとえば公共投資を増加させることによって消費＋投資（C＋I）を表した直線を上方へ移動させ，デフレ・ギャップを小さくすることによって GDP を増加させることができました．そして，もしデフレ・ギャップを完全に解消することができれば，完全雇用を実現することができました．

しかしながら，公共投資によって投資をある大きさだけ増加させたとき GDP はどのくらい増加するのでしょうか．3.3.1項の**図 3 - 7** に示されていたように，投資を増加させることによって消費＋投資（C＋I）を表した直線を上方へ移動させ，45度線との交点を移動させることによって GDP が増加することは確認できますが，どのくらい増加するのかについては，図からだけでは確認することができません．

このことについて確認していくために，以後のいくつかの項において，たとえば投資や減税などによって GDP がどのくらい増加するのかについて考えていきます．

まず3.4.1節では，投資が増加したとき GDP がどのくらい増加するのかについて考えていきます．GDP の変化の大きさは，投資が増加する前の GDP 決定式と投資が増加した後の GDP 決定式を比較することで求めることができますが，この比較によって，投資の増加額の何倍かの GDP が生み出されることが確認できます．この比例定数のことを**投資乗数**とよんでいます．

投資の増加によって，その増加額の何倍かのGDPが生み出されることが投資乗数によって確認されますが，民間の投資がうまく増加しないときには政府がその肩代わりをしなければなりません．民間の代わりに政府が投資をおこなった場合の乗数を**財政乗数**とよんでいますが，その効果は投資乗数と全く同じです．

その他にも，投資乗数と同様の考え方を使って，増税（減税）の乗数効果，比例税の場合の乗数効果，均衡予算の乗数効果についても，以後の各項においてそれぞれみていきます．

3.4.1　投資乗数

3.1節で確認しましたが，輸出と輸入が同じ大きさになるとき（あるいは，外国との貿易を考えないとき），GDPの決定式は（3.2）のようになっていました．

$$Y = C + I + G \tag{3.2}$$

（3.2）をもとにして，投資が増加したときGDPがどのくらい増加するのかについて考えていきましょう．

まず，現在のGDPの大きさがY_1であったとします．すると，3.1.1節で出てきた消費関数（3.4）より，消費の大きさは次のように表されます．

$$C = a + cY_1 \tag{3.20}$$

（3.20）を（3.2）に代入すると，Y_1の大きさのGDPは次のように表されます．

$$\begin{aligned} Y_1 &= C + I + G \\ &= (a + cY_1) + I + G \end{aligned} \tag{3.21}$$

ここで，何らかの理由で投資がΔIだけ増加し，その結果，GDPの大きさがY_2に増加したとしましょう．すると，（3.21）よりY_2は次のように表されます．

$$Y_2 = (a + cY_2) + I + \Delta I + G \tag{3.22}$$

投資がΔIだけ増加することによってGDPがY_1からY_2へ増加しましたので，GDPの増加分は，(3.21) と (3.22) を使って，Y_2からY_1を差し引くことによって求めることができます．

$$\begin{aligned} Y_2 - Y_1 &= \{(a + cY_2) + I + \Delta I + G\} - \{(a + cY_1) + I + G\} \\ &= c(Y_2 - Y_1) + \Delta I \end{aligned} \tag{3.23}$$

(3.23) を$Y_2 - Y_1$について整理すると，以下のようになります．

$$Y_2 - Y_1 = \frac{1}{1-c}\Delta I \tag{3.24}$$

(3.24) の左辺の$Y_2 - Y_1$はGDPの増加分を表していますので，投資の増加分と同様にΔを使って$\Delta Y \equiv Y_2 - Y_1$と表すことにします．すると，(3.24) は最終的に以下のようになります．

$$\Delta Y = \frac{1}{1-c}\Delta I \tag{3.25}$$

(3.25) は投資がある大きさ増加したとき，GDPがどれだけ増加するかを表した式です．(3.25) より，投資がΔIだけ増加したとき，GDPはその$\frac{1}{1-c}$倍だけ増加することになりますが，この$\frac{1}{1-c}$のことを**投資乗数**とよんでいます．

(3.25) をもとにして，投資が増加することによってGDPがどのくらい増加するのかを，具体的な例を使って確認してみましょう．

限界消費性向cの大きさが0.8であったとします．そして，(何らかの理由で) 投資が1億円増加したとしましょう．このそれぞれの数値を (3.25) に代入すると，GDPの増加分は次のように計算することができます．

$$\Delta Y = \frac{1}{1-c}\Delta I$$
$$= \frac{1}{1-0.8} \times 1$$
$$= 5$$

すなわち，投資が1億円増加することによって，GDPは5億円増加することになるのです．投資額の5倍ものGDPが生み出されることになるわけですが，どうしてこのようなことがおこるのでしょうか．

このメカニズムを，**図3-11**を使いながら，大まかに考えてみましょう．1億円の投資支出がおこなわれるとき，その投資を受注した企業Aは1億円の収入を得ることになります．内部留保を考えないで，この収入をそのまま従業員にすべて分配するとした場合，限界消費性向が0.8になっていますので，この企業の従業員は1億円の収入のうち（1億円×0.8＝）8000万円を消費支出に充てることになります．

このとき，企業Aの従業員が消費するものを生産している企業Bは8000万円の収入を得ることになりますが，企業Aと同様に，企業Bの従業員は（8000万円×0.8＝）6400万円の消費支出をおこなうことになります．

さらに，企業Bの従業員が消費するものを生産している企業Cは6400万円の収入を得ることになりますが，企業Aと同様に，企業Cの従業員は（6400万円×0.8＝）5120万円の消費支出をおこなうことになります．

図3-11に示されているように，次々と支出の連鎖がおこることになりますが，最終的に支出額の合計はいくらになるでしょうか．

このことを考えるために，支出額の合計を次のように表してみましょう．

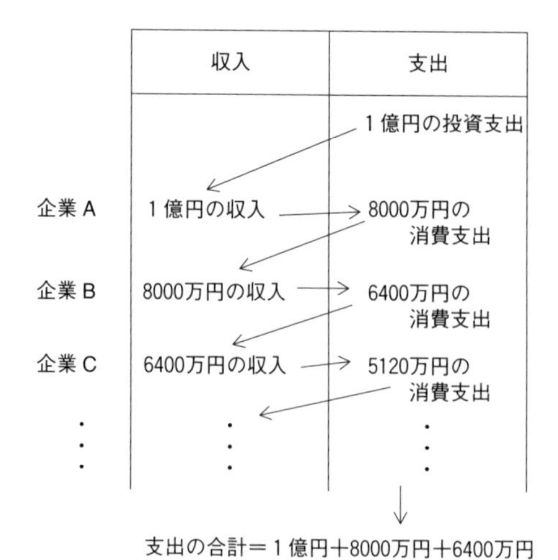

図3-11　投資による支出の連鎖

$$
\begin{aligned}
\text{支出額の合計} &= 1\text{億円} + 8000\text{万円} + 6400\text{万円} + 5120\text{万円} + \cdots\cdots \\
&= 1\text{億円} + 1\text{億円} \times 0.8 + (1\text{億円} \times 0.8) \\
&\quad \times 0.8 + \{(1\text{億円} \times 0.8) \times 0.8\} \times 0.8 + \cdots\cdots \\
&= 1\text{億円} \times \{1 + 1 \times 0.8 + 1 \times 0.8 \times 0.8 + 1 \\
&\quad \times 0.8 \times 0.8 \times 0.8 + \cdots\} \qquad (3.26)
\end{aligned}
$$

(3.26) の{・}内は，初項が1で公比が0.8の等比数列になっています．そこで，この等比数列の合計を考えてみると次のようになります．

$$
\begin{aligned}
\text{等比数列の合計} &= \frac{1 \times (1 - 0.8^n)}{1 - 0.8} \\
&= 5 \qquad (3.27)
\end{aligned}
$$

(3.27) は，等比数列の和の公式にあてはめたものです．すなわち，初項をa，公比をrとおくと数列の和 S_n は $S_n = \dfrac{a(1 - r^n)}{1 - r}$ のように表されますが，

(3.27) はこの式を使っています．ここでは，数列の項数を表す n は無限大の数を考えていますので 0.8^n はゼロになります．このことから，等比数列の合計は5になりますので，(3.27) より支出額の合計は（1億円×5＝）5億円になります．それだけの支出額があるということは，その分だけモノが売れるということになりますので，GDPを5億円増加させることになるのです．

このように，投資によって支出の連鎖が起こり，投資額の何倍かのGDPが生み出される効果のことを**乗数効果**とよんでいます．

3.4.2　財政乗数

前項では，投資をおこなうことによってGDPがどのくらい増加するのかについて考えてみました．そして，支出の連鎖によって投資額の数倍以上のGDPが生み出されることを確認しました．このことから，たとえばデフレ・ギャップが存在している場合にギャップを小さくし，GDPを増加させるためには，投資を増加させてやればよいことがわかります．

しかしながら，デフレ・ギャップが存在しているとき，投資が都合よく増加するでしょうか．デフレ・ギャップは景気が低迷しているときに発生していると考えられますので，そのような状態のときには，投資はなかなか増加しないと考えられます．

民間の投資が増加しないとき，それに代わって投資を増加させることができるのは政府です．政府は，政府支出の増加を通じて公共投資などを増加させることによって，国全体の投資を増加させることができるのです．そこで，この項では，政府支出の増加によってGDPがどのくらい増加するかを考えてみましょう．

前項と同様に，現在のGDPの大きさが Y_1 であったとします．すると，Y_1 の大きさのGDPは (3.21) と同様に次のように表されます．

$$Y_1 = (a + cY_1) + I + G \qquad (3.28)$$

ここで，政府が政府支出をΔGだけ増加させて，その結果，GDPの大きさがY_2になったとしましょう．（3.22）と同様に考えると，Y_2は次のように表されます．

$$Y_2=(a+cY_2)+I+G+\Delta G \tag{3.29}$$

（3.23）から（3.24）への展開と同様に考えると，$\Delta Y \equiv Y_2-Y_1$は最終的に以下のような式になります．

$$\Delta Y=\frac{1}{1-c}\Delta G \tag{3.30}$$

（3.30）は，政府支出がある大きさ増加したとき，GDPがどれだけ増加するかを表した式です．すなわち，政府支出がΔGだけ増加したとき，GDPはその$\dfrac{1}{1-c}$倍だけ増加することになるのです．（3.25）と（3.30）を比較すれば明らかなように，政府支出の増加によってGDPを増加させる効果は，投資の増加によってGDPを増加させる効果とまったく同じ大きさになります．（3.30）の右辺の$\dfrac{1}{1-c}$は**財政乗数**とよばれています．投資乗数と財政乗数はまったく同じ式ですが，投資が増加しているか，あるいは，政府支出が増加しているかの違いによって名前を使い分けています．

3.4.3　増税（減税）の乗数効果

3.3.3項で考察したように，インフレ・ギャップが存在するときには，たとえば増税をおこなうことによって消費需要を減少させ，GDPを減少させることを考えました．しかしながら，増税によってどれだけGDPが減少するかについては検討していませんでした．そこで，この節では，増税（あるいは減税）によってGDPがどのくらい減少（あるいは増加）するのかをみていきましょう．

そのために，まず家計がどのように税金を課されているのかについて考えなければなりませんが，ここでは，分析をできるだけ簡単におこなうために，政府は一括税のみを家計に課していることにします．一括税とは，所得水準にかかわらず，ある一定額の税金を徴収するものです．

一括税の額をTとすると，国全体の可処分所得は所得から税金を差し引いた残額（Y−T）になりますので，消費関数は以下のように表されます．

$$C=a+c(Y-T) \tag{3.31}$$

消費関数のもとの形は，(3.4) でしたが，(3.4) の右辺のYにY−Tを代入したものが (3.31) になっています．

(3.31) を (3.2) へ代入すると，GDPは次のように表されます．

$$\begin{aligned} Y &= C+I+G \quad ((3.2)\text{式}) \\ &= \{a+c(Y-T)\}+I+G \end{aligned} \tag{3.32}$$

(3.32) をもとにして，増税（あるいは減税）によってGDPがどのくらい変化するかを考えていきます．まず，増税（あるいは減税）がおこなわれる前のGDPの大きさをY_1としましょう．すると，(3.32) よりY_1は次のように表されます．

$$Y_1=\{a+c(Y_1-T)\}+I+G \tag{3.33}$$

(3.33) では (3.32) の両辺にあるYがY_1に置き換わっています．

次に，政府がΔTの大きさの増税をおこない，その結果，GDPの大きさがY_2になったとします．すると，(3.32) よりY_2は次のように表されます．

$$Y_2=\{a+c(Y_2-T-\Delta T)\}+I+G \tag{3.34}$$

(3.34) において (3.32) から変更された点が2つありますが，1つは，(3.32) の両辺にあるYがY_2に置き換わったことです．もう1つは，(3.32) の右辺では可処分所得がY−Tと表されていましたが，ΔTだけ税金が増えていますので，その分を所得からさらに差し引かなければなりません．そのため，(3.34) では可処分所得が$Y_2-T-\Delta T$と表されているのが，もう1つの変更点です．

ここでも，(3. 23) から (3. 24) への展開と同様に考えると，$\Delta Y \equiv Y_2 - Y_1$は最終的に以下のような式になります．

$$\Delta Y = \frac{c}{1-c} \Delta T \tag{3.35}$$

(3. 35) は，政府がある大きさの増税をおこなったとき，GDPがどれだけ減少するかを表しています．具体的には，増税額ΔTに$\frac{c}{1-c}$をかけた額だけGDPは減少するのです．逆に，減税がおこなわれればΔTが負になりますので，(3. 35) の右辺は正となり，減税によってGDPがどれだけ増加するかを表した式になります．

3. 4. 4　比例税の乗数効果

前項では，政府が一括税を課している場合を想定して，増税（あるいは減税）の乗数効果について分析をおこないました．しかしながら，現実的には一括税よりも比例税の方が一般的です．そこで，この項では，政府が比例税を課している場合を想定して，その乗数効果について考えていくことにします．

比例税の税率をt，国全体の所得の大きさ（すなわちGDPの大きさ）をYとすると，税額は所得に税率を掛けたものになりますのでtYになります．国全体の可処分所得は，所得額から税額を差し引いたものになりますので，Y−tY=(1−t) Yになります．この式を (3. 4) の消費関数のYの項に代入すると，比例税が課されている場合の消費関数が以下のように表されます．

$$C = a + c(1-t)Y \tag{3.36}$$

(3. 36) を (3. 2) へ代入すると，GDPは次のように表されます．

$$\begin{aligned} Y &= C + I + G \quad ((3.2)\text{式}) \\ &= \{a + c(1-t)Y\} + I + G \qquad (3.37) \end{aligned}$$

(3.37) をもとにして，政府支出がある大きさだけ増加したときGDPがどのくらい増加するかについて考えていきましょう．政府支出が増加する前のGDPの大きさをY_1とすると，(3.37) よりY_1は次のように表されます．

$$Y_1 = \{a + c(1 - t)Y_1\} + I + G \qquad (3.38)$$

ここで，政府がΔGの大きさだけ政府支出を増加させ，その結果，GDPの大きさがY_2に変化したとしましょう．すると，(3.37) よりY_2は次のように表されます．

$$Y_2 = \{a + c(1 - t)Y_2\} + I + G + \Delta G \qquad (3.39)$$

ここでも，(3.23) から (3.24) への展開と同様に考えると，$\Delta Y \equiv Y_2 - Y_1$は最終的に以下のような式になります．

$$\Delta Y = \frac{1}{1 - c(1 - t)} \Delta G \qquad (3.40)$$

(3.40) は，政府が比例税を課しているときに政府支出の増加をおこなったとき，GDPがどれだけ増加するかを表した式です．

3.4.5　均衡予算の乗数効果

ここまでの分析でいくつかの乗数がでてきましたので，それらの乗数を使いながら，政府が均衡予算によって政府支出をおこなう場合の乗数について考えてみます．

政府が政府支出をΔGだけ増加させる政策を施行するとしましょう．そして，そのための財源としてΔTだけの増税をおこなうとします．均衡財政のもとで，この政策を施行することを前提とすると，増税による財源はすべて政府支出の増加のために使われることになります．

$$\Delta G = \Delta T \qquad (3.41)$$

政府支出をΔGだけ増加させることによって，(3.30) で確認したように，$\frac{1}{1-c}$ΔGだけGDPを増加させることができます．しかし，その一方で，3.4.3項で考察したように，ΔTだけの増税によってGDPは$\frac{c}{1-c}$ΔT（(3.35)式）だけ減少することになります．

GDPの変化の大きさΔYは，これらの増加分と減少分を合計したものになります．

$$\Delta Y = \frac{1}{1-c}\Delta G - \frac{c}{1-c}\Delta T \tag{3.42}$$

(3.42) に (3.41) を代入して整理すると，GDPの変化分であるΔYは次のように表すことができます．

$$\begin{aligned}\Delta Y &= \frac{1}{1-c}\Delta G - \frac{c}{1-c}\Delta T \\ &= \frac{1}{1-c}\Delta G - \frac{c}{1-c}\Delta G \\ &= \Delta G \end{aligned} \tag{3.43}$$

したがって，政府支出の増加分ΔGとちょうど同じ大きさだけGDPは増加することになります．均衡予算のもとで政府支出の増加をおこなった場合は，(3.43) に示されているように，その増加分だけのGDPが生み出されることになるので，均衡予算の場合の財政乗数の大きさは1ということになるのです．

3.4.6　開放経済における乗数

前項までは，第2章の (2.18) において輸出と輸入が同じ大きさになるような特殊なケースを想定し，外国との貿易がおこなわれていない状況，あるいは，おこなわれていても輸出と輸入がちょうど相殺し合って，あたかも貿易がおこなわれていないように見える状況を前提として，乗数効果について分析がおこなわれてきました.

そこで，この項では第2章の（2.18）において輸出と輸入が同じ大きさにならず，外国との貿易がおこなわれている場合の乗数効果について考察してみることにします.

輸出と輸入を含んだGDPの決定式は，（2.18）をもとにして記号を使って表すと以下のようになります.

$$Y=C+I+G+X-M \tag{2.18}$$

ここでは，Xは輸出，Mは輸入をそれぞれ表しています.

たとえば日本と外国の貿易を想定するとき，輸出の大きさは日本からの輸出品を輸入する外国の経済事情によって決定されますので，日本にとっては外生的に与えられるある大きさの定数になります．したがって，（2.18）においてXはある定数になります.

一方，外国からの輸入の大きさは，自国のGDPの大きさに依存して決定されると考えられますので，GDPに対する輸入の割合をm（≡M/Y）で表すと輸入の大きさMはM＝mYと表すことができます．このmは**輸入性向**とよばれるものです.

（2.18）をもとにして，輸出が増加したときGDPがどのくらい増加するのかについて考えていきましょう．まず，現在のGDPの大きさがY_1であったとします．すると，消費関数(3.4)より，消費の大きさは次のように表されます.

$$C=a+cY_1 \tag{3.44}$$

（3.44）を（2.18）に代入し，さらに，M＝mYを代入すると，Y_1の大きさのGDPは次のように表されます.

$$\begin{aligned}Y_1&=C+I+G+X-M\\&=(a+cY_1)+I+G+X-mY_1\end{aligned} \tag{3.45}$$

ここで，何らかの理由で輸出が ΔX だけ増加し，その結果，GDPの大きさが Y_2 に増加したとしましょう．すると，(3.45) より Y_2 は次のように表されます．

$$Y_2=(a+cY_2)+I+G+X+\Delta X-mY_2 \tag{3.46}$$

ここでも，(3.23) から (3.24) への展開と同様に考えると，$\Delta Y \equiv Y_2-Y_1$ は最終的に以下のようになります．

$$\Delta Y=\frac{1}{1-c+m}\Delta X \tag{3.47}$$

(3.47) は輸出がある大きさ増加したとき，GDPがどれだけ増加するかを表した式です．(3.47) より輸出が ΔX だけ増加したとき，GDPはその $\frac{1}{1-c+m}$ 倍だけ増加することになりますが，この $\frac{1}{1-c+m}$ のことを**貿易乗数**とよんでいます．

3.4.7　乗数の比較

それでは，次の章に進む前に，ここまでに出てきたいくつかの乗数について，以下の具体例を使いながら，その大小関係について考えてみましょう．

ある国の経済が次のように示されているとします．

$$\begin{cases} Y=C+I+G \\ C=40+0.8Y \end{cases} \tag{3.48}$$

(Y：GDP，C：消費，I：投資，G：政府支出)

この経済における投資乗数，財政乗数を求めてみましょう．(3.48) のCの式より，限界消費性向の値が0.8であることがわかりますので，(3.25) より ΔY は次のように計算されます．

$$\Delta Y = \frac{1}{1-0.8}\Delta I$$
$$= \frac{1}{0.2}\Delta I$$
$$\therefore \Delta Y = 5\Delta I \qquad (3.49)$$

(3.49) より，投資乗数（$\frac{1}{1-c}$）に対応する部分が5になっていますので，この経済における投資乗数の値は5ということになります．

財政乗数についても，投資乗数と同様の計算プロセスによって求めることができますが，(3.30) 式で確認したように，投資乗数と財政乗数はまったく同じ式です．したがって，財政乗数の値も5になるのです．

投資乗数と財政乗数について確認しましたので，次に，一括税が課される場合の乗数，比例税が課される場合の乗数についてそれぞれみてみましょう．

ある国の経済が，今度は次のように示されているとします．

$$\begin{cases} Y = C + I + G \\ C = 40 + 0.8\,(Y - T) \end{cases} \qquad (3.50)$$

（Y：GDP，C：消費，I：投資，G：政府支出，T：一括税）

まず，この経済における増税（減税）の乗数を求めてみましょう．(3.50) のCの式より限界消費性向が0.8であることがわかりますので，(3.35) よりΔYは次のように計算されます．

$$\Delta Y = -\frac{0.8}{1-0.8}\Delta T$$
$$= -\frac{0.8}{0.2}\Delta T$$
$$\therefore \Delta Y = -4\Delta T \qquad (3.51)$$

増税（減税）の乗数（$-\frac{c}{1-c}$）に対応する部分が－4になっていますので，この経済における増税（減税）の乗数の値は－4ということになります．

ここでは，1つの重要なことが確認できています．(3.48)と(3.50)は，それぞれの2番目の式の右辺のGDPの項がYになっているか，それとも，Y－Tになっているかが異なるだけで，政府が税金を徴収しない（T＝0）と想定すれば，同じものになります．すなわち，同じ経済について乗数を考えているのです．そして，その結果，財政乗数は5，増税（減税）の乗数は－4ということになりました．

ここで，政府が減税をおこない，(3.51)のΔTがマイナスの値をとったとしましょう．すると，(3.51)より，減税額の4倍のGDPが生み出されることになります．一方，もし減税額と同額の政府支出がおこなわれた場合は，(3.49)より，政府支出の5倍のGDPが生み出されることになります．

すなわち，同額の政府支出と減税を比較すると，追加のGDPを生み出す効果は，政府支出の方が大きいのです．これは，次のような理由によります．政府支出は，その支出額が直接的に支出の連鎖を生じさせますが，減税の場合は，減税分だけ所得が増えますが，その額に限界消費性向を乗じた分しか支出は増えませんので，政府支出より小さな額で支出の連鎖がスタートすることになります．このことから，減税は政府支出よりGDPを生み出す効果が弱くなってしまうのです．

さらに，比例税の乗数について同様のことを確認していきます．そのために，(3.50)を次のように変更します．

$$\begin{cases} Y=C+I+G \\ C=40+0.8(Y-T) \\ T=0.2Y \end{cases} \tag{3.52}$$

（Y：GDP，C：消費，I：投資，G：政府支出，T：税額）

(3.52) の2番目の式までは (3.50) と同じですが，3番目の式は (3.50) にはないものです．3番目の式は，税額 (T) がGDP (Y) の0.2倍であることを示していますが，これは，税額が所得に比例する（税率20パーセントの）比例税がこの経済で施行されていることを示しています．

それでは，この経済での乗数を求めてみましょう．(3.40) より ΔY は次のように計算されます．

$$\Delta Y = \frac{1}{1-0.8\times(1-0.2)}\Delta I \qquad (3.53)$$

$$= \frac{1}{0.36}\Delta I$$

$$= \frac{25}{9}\Delta I$$

$$\fallingdotseq 2.8\Delta I$$

$$\therefore \Delta Y \fallingdotseq 2.8\Delta I \qquad (3.54)$$

(3.40) と比べると，比例税の場合の乗数 $\left(\frac{1}{1-c(1-t)}\right)$ に対応する部分が約2.8になっていますので，比例税が施行されている経済での乗数の値は約2.8ということになります．

ここでも，増税（減税）の乗数の場合と同様に重要なことが確認できています．(3.48) と (3.52) は，それぞれの2番目の式の右辺のGDPの項がYなっているか，それとも，$Y-T$ なっているかが異なるだけで，政府が比例税の税率をゼロとして税金を徴収しない（T＝0）とすれば，同じものになります．すなわち，同じ経済について乗数を考えているのです．そして，その結果，財政乗数は5，比例税の場合の乗数は約2.8ということになりました．

ここまでの考察によって一括税の場合の減税の乗数と合わせて大小関係を確認すると，「比例税の場合の乗数＜一括税の場合の減税の乗数＜財政乗数」という大小関係があることが確認できました．すなわち，同額の政府支出，あるいは，一括税の場合の減税と比較すると，追加のGDPを生み出す効果は，比例税の場合が一番小さいということになりますが，これは，次のような理由によります．

政府支出は，その支出額が直接的に支出の連鎖を生じさせますが，減税の場合は，減税分だけ所得が増えますが，その額に限界消費性向を乗じた分しか支出は増えませんので，政府支出より小さな額で支出の連鎖がスタートすることになります．比例税の場合は，増加した所得に税率をかけたものに，さらに限界消費性向を乗じた分しか支出が増えませんので，一括税の場合の減税による支出より小さな額で支出の連鎖がスタートすることになります．このことから，比例税の場合の投資の増加は，一括税の場合の減税よりGDPを生み出す効果が弱くなってしまうのです．

第4章　IS-LM分析

第3章では，国内総生産（GDP）が決定されるときには，「投資＝貯蓄」という関係が常に成り立っていることを確認しましたが，この「投資＝貯蓄」という関係をもとにして，まず国内総生産（GDP）と利子率の関係について分析を進めていきましょう．

企業が設備投資をおこなうためには，（内部留保を使わない限り，）資金を借り入れなければなりません．資金を貸し付ける金融機関は，貸し付けをおこなうための資金を保有していなければなりませんが，この資金は金融機関への貯蓄によって生み出されています．したがって，投資がすべて借り入れによっておこなわれる場合は，投資額と同額の貯蓄が金融機関によって調達されなければなりませんが，この状況は，投資への需要に対して貯蓄がその供給になっていると考えることができます．投資が需要側にあり，貯蓄が供給側にある市場のことを**財市場**とよびますが，投資と貯蓄が等しくなっているとき，財市場は均衡することになります．

第3章では，投資はある定数として取り扱っていましたが，本章では，利子率と投資の関係を分析していくことによって，投資の大きさが利子率の水準によって変化することを確認していきます．この利子率と投資の大きさの関係は**投資関数**とよばれるものですが，この投資関数についても分析を進め，利子率の水準に対応して投資の大きさが決定されることを確認した後は,「投資＝貯蓄」の関係から,国内総生産(GDP)の大きさが貯蓄によっても表されることを確認していきます.

利子率と投資の大きさの関係(投資関数),および,国内総生産(GDP)と貯蓄の大きさの関係を使って,利子率と国内総生産(GDP)の関係について分析をおこない,利子率の水準と国内総生産(GDP)の大きさの負の関係を導出しますが,この関係を表した曲線が**IS曲線**とよばれるものです.

次に,IS曲線を導出する際に所与のものとして考えていた利子率の決定について考えていきます.そして,利子率の決定に関する考察を通して,再び利子率と国内総生産(GDP)の関係について考えていきます.

利子率はどのようにして決定されているのでしょうか.利子率も一種の価格と考えると,需要と供給の相互作用によって決定されていると考えられますが,利子率の決定について考えるときの需要,および,供給とは何でしょうか.利子率とは,たとえば預金を解約したとき元金に対してある比率をかけた額が元金とは別に払い戻されますが,この比率のことを表しています.

解約される預金は貨幣を使っておこなわれますので,利子収入を得るために預金をおこないたいと思えば貨幣を手元にもっておかなければなりません.すなわち,ここで貨幣に対する需要が発生することになるのです.このような貨幣への需要について考察を進めていきます.

一方,貨幣の供給は中央銀行(日本の場合は日本銀行)がおこないますが,貨幣供給量は中央銀行が決定しますので,ある定数となります.この貨幣供給と貨幣需要をもとにして**貨幣市場**の均衡について考えます.そして,均衡しているときに成立している関係式が,利子率と国内総生産(GDP)の関係を表していることを確認します.

貨幣市場が均衡しているとき成立している関係式が,利子率と国内総生産(GDP)の関係を表していることから,国内総生産(GDP)のさまざまな大きさに対応する利子率の水準を求めることができます.このことから利子率の水準と国内総生産（GDP）の大きさの関係を表した曲線が導出されますが，この曲線は**LM曲線**とよばれるものです．

IS曲線は利子率を所与として，国内総生産（GDP）と利子率の関係を表したものです．そして，LM曲線は国内総生産（GDP）を所与として，利子率と国内総生産（GDP）の関係を表したものです．このように，IS曲線とLM曲線は，どちらも国内総生産（GDP）と利子率の関係を表しているものですが，それぞれ所与としているものが逆になっています．このことから，両曲線について同時に考えれば，すなわち，財市場と貨幣市場について，それぞれの均衡を同時に考えれば，利子率と国内総生産（GDP）は同時に決定されることになります．

両市場の同時的均衡について確認した後は，財政政策と金融政策の効果について，それぞれ分析を進めていきます．財政政策によってIS曲線は右方向に移動することが確認され，一方，LM曲線は，金融政策をおこなうことによって右方向に移動することが確認されます．以上の分析にもとづいて，財政・金融政策の効果について考察をおこないます．まず財政政策のみがおこなわれた場合に利子率と国内総生産（GDP）に及ぼされる影響について分析をおこない，次に，金融政策のみがおこなわれた場合の分析をおこないます．

そして，最後に，2つの政策が同時におこなわれた場合の分析がおこなわれます．

4.1　財市場の均衡とIS曲線

4.1.1　投資関数

第3章でGDPの決定について考えたとき，投資はある定数と考えていました．しかしながら，実際の投資は常に変化しています．そこで，この節では，投資がどのように決定されているかについて考えていきます．

投資は，たとえば設備投資のように新しい生産設備を設置するためにおこなわれますが，その目的は利益を得ることです．すなわち，収益を得るために投資がおこなわれるのですが，この収益率のことを投資の**限界効率**とよんでいます．簡単な例を使って，投資の限界効率について考えてみましょう．

ある企業が新製品の生産のために，１億円の設備投資をおこなうとしましょう．そして，この設備投資による新製品の生産によって1300万円の収益が得られるとしましょう．このとき，収益率は（$\dfrac{\text{収益額}}{\text{投資額}} = \dfrac{1300\text{万円}}{1\text{億円}} = 0.13 =$）13パーセントになります．

そこで，さらに生産量を増やして収益を得るために，また１億円の投資がおこなわれるとしましょう．そして，今度は投資による収益は900万円だとします．すると，収益率は（$\dfrac{900\text{万円}}{1\text{億円}} = 0.09 =$）９パーセントになります．

このように設備投資を１億円ずつ追加していくと，収益率は13パーセント，９パーセントと変化しましたが，さらに１億円ずつ追加していくと，７パーセント，６パーセントと下がっていくとしましょう．よって，投資の限界効率は，投資を１億円ずつ増加させていくと13パーセント，９パーセント，７パーセント，6パーセントと変化していくことになります．この様子を図で表すと**図４-１**のようになります．

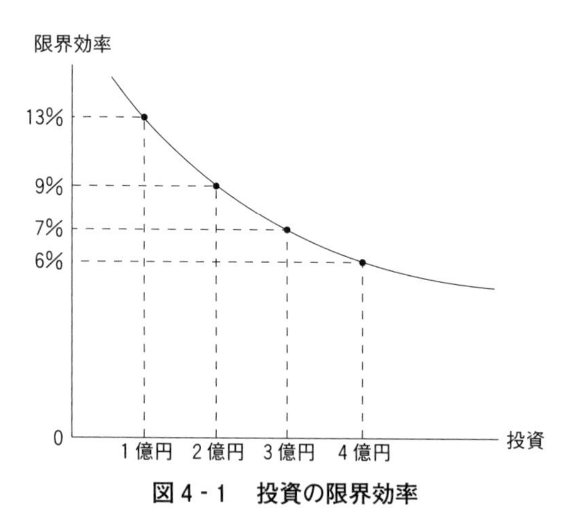

図４-１　投資の限界効率

それでは，投資の限界効率を表した**図4-1**を使って，利子率との関係によって投資がどのように決定されるかを考えていきましょう．

たとえば，現在の利子率が7パーセントであるとします．このとき，1億円の資金を投資に回すのではなく，預金すれば（1億円×0.07＝）700万円の利子収入を得ることができます．その一方で，この1億円の資金を使って設備投資をおこなえば，**図4-1**に示されているように1300万円の収益を得ることができます．

企業がこの2つの状況を比較するとき，1億円の資金を使って投資をおこなうでしょうか，それとも，その資金を預金するでしょうか．1億円の資金によってもたらされる収益を比較すれば，企業は1億円の資金を投資に回すでしょう．

それでは，次の1億円についてはどうするでしょうか．**図4-1**より，次の1億円を投資に回せば9パーセントの収益率がありますので（1億円×0.09＝）900万円の収益を得ることができます．一方，この1億円を預金すれば700万円の利子収入を得ることができます．この場合も，企業は資金を投資に回すでしょう．

さらに，もう1億円の資金を使うことを考えます．この資金を投資に回せば，**図4-1**より7パーセントの収益率がありますので（1億円×0.07＝）700万円の収益がもたらされ，預金しても同じ700万円の利子収入を得ることになります．したがって，企業にとっては資金を投資しても預金しても，収益は同じ額になります．

最後に，もう1億円の資金を追加してみましょう．この1億円を投資に回せば，**図4-1**より6パーセントの収益率がありますので（1億円×0.06＝）600万円の収益を得ることができますが，預金すれば700万円の利子収入を得ることができます．この場合，企業はもはや投資をおこなうことは考えないでしょう．

以上のことから，投資をおこなうか，あるいは，預金するのかの境目は利子率が7パーセントのところにあり，そのときの投資額は3億円になっています．

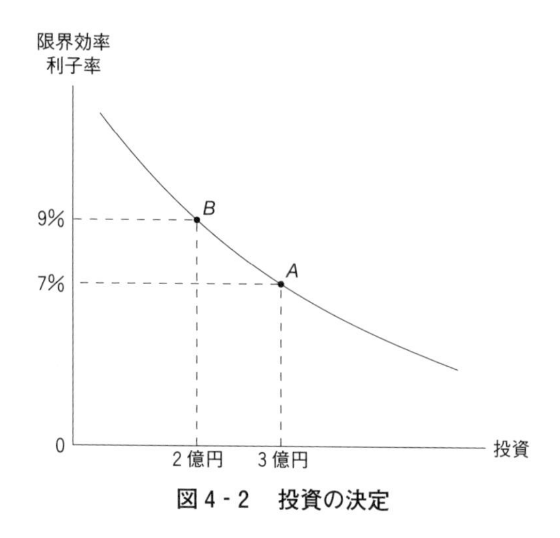

図4-2　投資の決定

すなわち，投資額が3億円より少ない場合は，投資の限界効率が利子率より大きくなるので，投資をおこなった方がより多くの収益を得ることができます．一方，投資額が3億円を超えると，今度は投資の限界効率より利子率の方が大きくなるので，預金した方がより多くの収益を得ることになるのです．

これらのことから，利子率が7パーセントのとき，投資の限界効率が7パーセントのところまでは投資がおこなわれますので，3億円の投資がおこなわれることになります．この状況は**図4-2**のA点で示されています．

同様に考えて，利子率が9パーセントであったとしたら，投資の限界効率が9パーセントのところまでは投資がおこなわれますので，2億円の投資がおこなわれることになります．この状況は**図4-2**のB点で示されています．

このように，投資は，利子率の水準に対応してその大きさが決定されます．**図4-2**のA点，B点以外にも，（**図4-1**より）利子率が13パーセントであれば1億円の投資がおこなわれ，利子率が6パーセントであれば4億円の投資がおこなわれます．このような利子率と投資の関係をあらためて図で表すと**図4-3**のようになります．

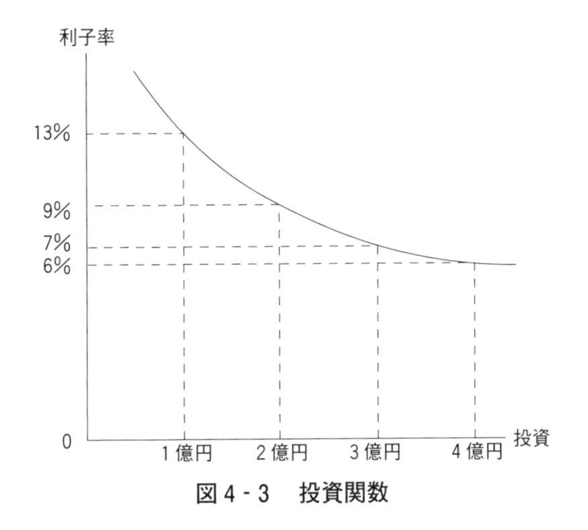

図4-3　投資関数

図4-3に描かれた曲線は**投資関数**とよばれているものです．図に示されているように，投資関数は右下がりの曲線になっており，利子率が低下するほど投資は多くなります．

4.1.2　投資関数とGDPの決定

投資と利子率の関係を導きましたので，ここでもう一度，第3章で考察したGDPの決定について振り返りましょう．第3章における分析ではGDPの大きさは消費と投資によって決定されていましたが，投資の大きさについては，すでにある大きさに決定されているものとして分析が進められていました．

しかしながら，4.1.1項での分析によって，投資は利子率によって決定されることが明らかになりましたので，そのことを踏まえてGDPの決定についてもう一度確認してみることにします．第3章において考察しましたが，GDPが決定されているときには次の関係式が成立していました．

$$Y = C + I \tag{3.3}$$

ここで，Cは消費の大きさを，Iは投資の大きさをそれぞれ表していました．

そして，(3.3)を投資Iについて整理した式に，第3章で出てきた消費関数(3.4)（C＝a＋cY）を代入すると，(3.3) は次のように変形されます．

$$\begin{aligned} I &= Y - C \\ &= Y - (a + cY) \\ &= -a + (1 - c)Y \end{aligned} \qquad (4.1)$$

(4.1) の右辺は，第3章の3.1.2項で出てきた貯蓄関数 (3.6) と同じ式です．したがって，（第3章の3.2節でも確認しましたが）GDPが決定されているとき，投資と貯蓄が等しくなっているのです．

それでは，この投資＝貯蓄の関係を使ってGDPの決定について，もう一度考えてみましょう．ただし，第3章の3.2節での分析とは異なり，今度は，投資が利子率によって決定されているということを含めて考えていきます．

いま利子率の水準がr_1の大きさにあるとしましょう．すると，4.1.1項の**図4-3**に描かれた投資関数より投資の大きさが決定されます．この投資の大きさをI_1としましょう．(4.1) に示されているように，貯蓄の大きさが投資I_1の大きさと同じになるとき，GDPが決定されることになります．

それでは，このGDPの大きさはどのように表されるでしょうか．GDPが決定されているとき，投資と貯蓄が等しくなっていることを確認しましたので，投資I_1と同じ大きさの貯蓄をS_1とします．決定されるGDPの大きさをY_1とすると，(4.1) より以下の関係が成立します．

$$S_1 = -a + (1 - c)Y_1 \qquad (4.2)$$

(4.2) をY_1について整理すれば，Y_1の大きさは次のように表されます．

$$Y_1 = \frac{1}{1 - c}(a + S_1) \qquad (4.3)$$

したがって，GDPの大きさは，貯蓄を使って (4.3) のようにも表されるのです．

4.1.3　IS曲線の導出

4.1.2項の分析により，たとえば利子率がr_1であったときには，GDPの大きさが（4.3）で表されたY_1の水準に決定されることを確認しました．しかしながら，利子率は変化しますので，r_1以外の利子率に対してはI_1とは異なった投資水準が対応し，その投資水準と貯蓄の大きさが等しくなるとき，Y_1とは別の大きさのGDPが生み出されることになります．

このように，さまざまな利子率の水準に対応して，さまざまな大きさのGDPが決定されることになるのですが，この様子を図を使って考えてみましょう．

図4-4は，第1象限から第4象限まである4つの象限を合わせた図です．第2象限には**図4-3**で示された投資関数が，第3象限には（第3章の3.1.3項の**図3-4**で示された）45度線が，第4象限には（第3章の3.1.2項の**図3-3**で示された）

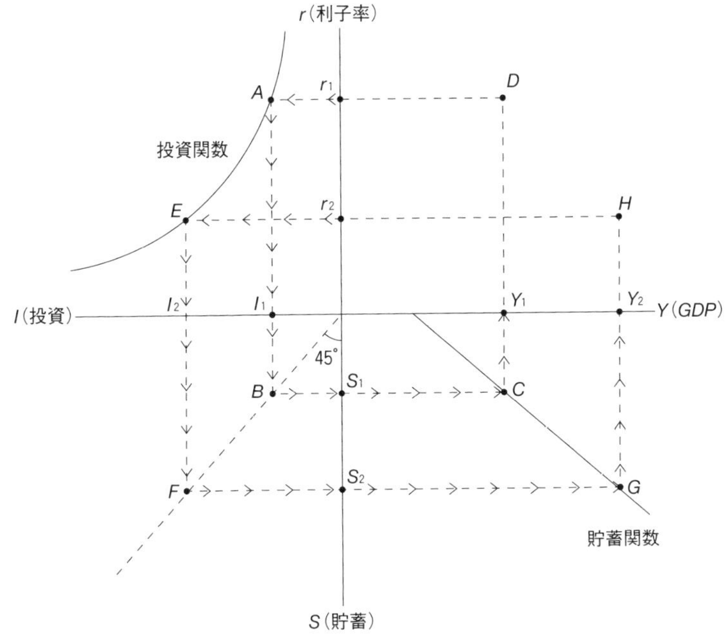

図4-4　利子率とGDPの関係

貯蓄関数が，それぞれ描かれています．そして，第１象限は縦軸が利子率，横軸がY（GDP）になっていますが，今から各利子率に対応するY（GDP）の大きさを調べ，利子率とGDPの組合せを表す座標を探していきます．

現在の利子率がr_1の水準にあったとしましょう．このとき，投資の大きさは，**図４-４**の第２象限に描かれた投資関数上のA点によってI_1の水準に決定されます．GDPが決定されるときには投資と貯蓄が等しくなりますので，I_1と同じ大きさの貯蓄が必要になります．

I_1と同じ大きさの貯蓄は，**図４-４**ではどのようにして描かれるでしょうか．このとき重要な役割を演じるのが，第３象限に描かれた45度線です．第３章の3.1.3項で考えましたように，45度線上の点では縦軸の値と横軸の値が等しくなっています．すなわち，第３象限において，投資I_1に対応する45度線上のB点で折り返して，貯蓄を測った下向きの縦軸と交差する点によって投資I_1と等しい大きさの貯蓄S_1が決定されるのです．

このように，第３象限では，45度線によって投資と貯蓄が等しくなる状況が作り出されているわけですが，これは，財市場が均衡している状態を表しています．すなわち，国内総生産（GDP）の大きさが決定されるときには，財市場が均衡しているのです．

GDPを決定する貯蓄の大きさがS_1に決定されれば，第４象限に描かれた貯蓄関数を使って貯蓄S_1に対応するC点で折り返すことで，GDPの大きさがY_1に決定されることになります．

このように，たとえば利子率の水準がr_1であれば，それに対応するGDPの大きさはY_1であることが確認できますので，第１象限のD点は，利子率とGDPの組合せ（r_1，Y_1）を表した点になっています．

同様のことを，別の利子率の水準でも確認してみましょう．今度は，現在の利子率がr_2の水準にあったとします．投資の大きさは，第２象限に描かれた投資関数上のE点によってI_2の水準に決定されます．そして，第３象限において，投資I_2に対応する45度線上のF点で折り返して，貯蓄を測った下向きの縦軸と交差する点によって，投資I_2と等しい大きさの貯蓄S_2が決定されます．最後に，第4象限に描かれた貯蓄関数を使って，貯蓄S_2に対応するG点で折り返すことで，GDPの大きさがY_2に決定されることになるのです．

このように，たとえば利子率の水準がr_2であれば，それに対応するGDPの大きさはY_2であることが確認できますので，第1象限のH点はその組合せ（r_2，Y_2）を表した点になっています．

図4-4を使えば，さまざまな水準の利子率に対応するGDPの大きさを作図によって求めることができます．その結果，D点やH点のような利子率とGDPの組合せを表した座標が第1象限にたくさん描かれることになります．そのような座標を結んでいくと，**図4-5**のような曲線が出てきます．

図4-5に描かれた曲線は**IS曲線**とよばれています．この曲線は，GDPが決定されるとき投資Iと貯蓄Sが等しくなっている（すなわち，財市場が均衡している）ことを使って描かれていることから，IS曲線とよばれるのです．

このIS曲線から明らかなように，利子率が低くなるとGDPは大きくなります．すなわち，利子率の水準とGDPの大きさは負の関係にあるのです．

最後に，IS曲線について以下の点を注意しておきましょう．IS曲線は利子率と国内総生産（GDP）の関係を表していますが，単に利子率とGDPの組合

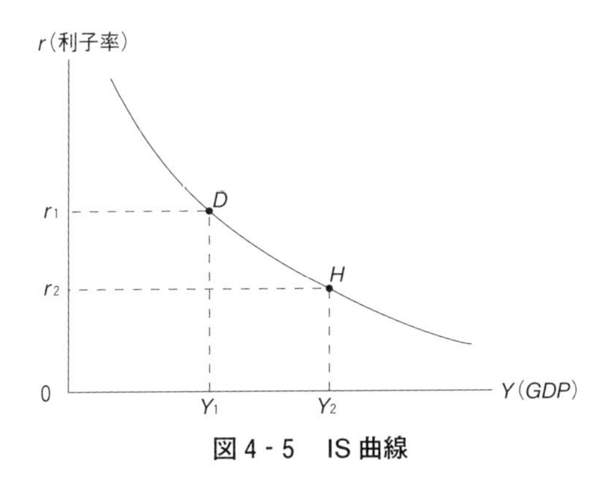

図4-5　IS曲線

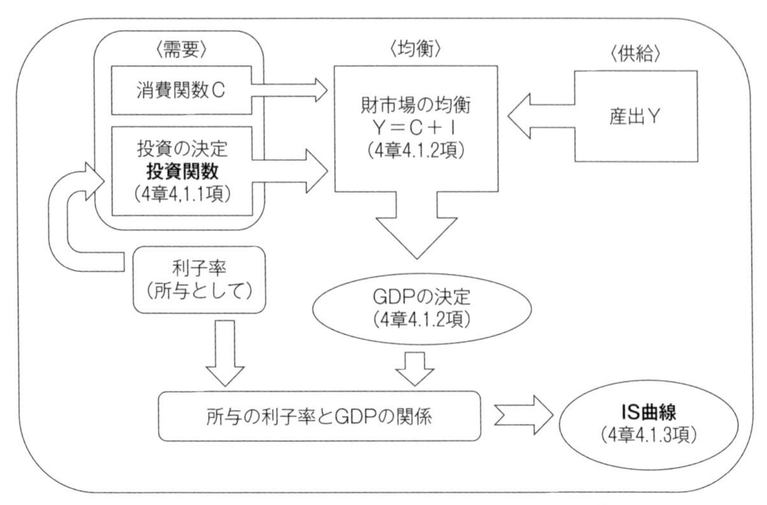

図 4 - 6　第 4 章4. 1節における分析のイメージ図

せを表しているのではありません．IS 曲線は，利子率がある水準に与えられたとき，その水準に対応する国内総生産（GDP）の大きさを表しているのです．

したがって，利子率の水準が与えられなければIS 曲線は描くことができません．このことから，利子率の水準がどのように決まっているのかについては，IS 曲線は何も示してはいないのです．利子率水準の決定については，次の節で考えていくことにします．

なお，次の節に進む前に第4. 1節（「財市場の均衡と IS 曲線」）において考察したことをイメージとしてふりかえっておきましょう．次の**図 4 - 6**は，第4. 1節で考察したことをイメージ図として表しています．ここから先の分析においては経済全体をとらえていくイメージが必要になってきますので，投資関数などの個別の知識も重要なのですが，全体像をイメージとしてとらえることができるように，**図 4 - 6**を確認しておいてください．

4.2　貨幣市場の均衡と LM 曲線

この節では，4.1.3項で IS 曲線を導出する際に所与のものとして考えていた利子率の決定について考えていきます．そして，利子率の決定に関する考察を通して，利子率と国内総生産（GDP）の関係について考えていきます．

利子率はどのようにして決定されているのでしょうか．市場では，需要と供給の相互作用によって価格が決定されていますが，利子率も一種の価格と考えると，需要と供給の相互作用によって決定されていると考えられます．

それでは，利子率の決定について考えるときの需要，および，供給とは何でしょうか．利子率とは，たとえば預金を解約したとき元金に対してある比率をかけた額が元金とは別に払い戻されますが，この比率のことを表しています．この元金とは別に払い戻されたものが利子収入です．

解約される預金は貨幣を使っておこなわれますので，利子収入を得るために預金をおこないたいと思えば貨幣を手元にもっておかなければなりません．すなわち，貨幣に対する需要が発生することになるのです．この他にも，何か買い物をしたいときにも貨幣を手元にもっておく必要がありますので，貨幣に対する需要が発生しています．このような貨幣への需要について，4.2.1項で考えていきます．

一方，貨幣の供給は中央銀行（日本の場合は日本銀行）がおこないます．そして，貨幣供給量は中央銀行が決定しますので，ある定数となります．4.2.2項では，この貨幣供給と貨幣需要をもとにして貨幣市場の均衡について考えます．そして，均衡しているときに成立している関係式が，利子率と国内総生産（GDP）の関係を表していることを確認します．

貨幣市場が均衡しているとき成立している関係式が，利子率と国内総生産（GDP）の関係を表していることを使えば，国内総生産（GDP）のさまざまな大きさに対応する利子率の水準を求めることができます．このことを使って，

4. 2. 3項では，利子率の水準と国内総生産（GDP）の大きさの関係を表した曲線を導出しますが，この曲線は**LM 曲線**とよばれるものです．

4. 2. 1　貨幣への需要

人々は，なぜ貨幣を手元に保有しようとするのでしょうか．貨幣を手元に保有しようとするということは貨幣への需要が存在するということですが，貨幣需要が存在する理由として，大きく分けて次の３つのことが考えられます．

第１の理由は，毎日の買い物をするために貨幣が必要だということです．言い換えると，貨幣とモノの交換という取引をおこなうために貨幣を保有しておく必要があるということですが，このことから，この第１の理由のことを貨幣保有の**取引的動機**とよんでいます．すなわち，取引的動機による貨幣需要が存在しているのです．

第２の理由は，不測の事態に備えておくために貨幣が必要だということです．これは，モノとの交換という取引に使うために貨幣を保有しておくということではなく，何か貨幣が必要な事態が起こったときのために，予備的に貨幣を保有しておく必要があるということです．このことから，この第２の理由のことを貨幣保有の**予備的動機**とよんでいます．すなわち，予備的動機による貨幣需要が存在しているのです．

第３の理由は，株などの債券を購入するために貨幣が必要だということです．人々は，収益を得ることを目的として債券を購入しますが，購入するためには貨幣が必要になります．収益を得るために債券を購入することは投機とよばれますので，この第３の理由のことを貨幣保有の**投機的動機**とよんでいます．すなわち，投機的動機による貨幣需要が存在しているのです．

以上のことから貨幣需要は，取引的動機によるもの，予備的動機によるもの，および，投機的動機によるものの３つに分かれることになります．それでは，これらの貨幣需要はそれぞれどのように決定されているのでしょうか．次に，このことについて考えていきましょう．

取引的動機による貨幣需要の決定については，以下のように考えられます．買い物をするとき，保有している貨幣が多いほど買い物の量は多くなる傾向がみられます．また，保有している貨幣は，所得が多くなるほど多くなると考えられます．すなわち，所得が多くなり，保有している貨幣が多くなるほど買い物をたくさんすることになりますので，取引的動機による貨幣需要が大きくなることになるのです．以上のことを国全体のレベルで考えると，GDPが大きくなり国全体の所得が大きくなると，取引的動機による貨幣需要も大きくなります．

予備的動機による貨幣需要の決定についても同様のことが考えられます．保有している貨幣が多いほど，何か貨幣が必要な事態が起こったときのために予備的に保有しておく貨幣も多くなるでしょう．一方，保有している貨幣は所得が多くなるほど多くなると考えられます．すなわち，所得が大きくなり，保有している貨幣が多くなるほど予備的に保有する貨幣は多くなりますので，予備的動機による貨幣需要は大きくなることになるのです．以上のことを国全体のレベルで考えると，GDPが大きくなり国全体の所得が大きくなると，予備的動機による貨幣需要も大きくなるのです．

以上のことから，取引的動機および予備的動機にもとづく貨幣需要は，どちらもGDPの大きさに比例して変化することになります．そこで，2つの貨幣需要をまとめてM_1で表し，GDPの大きさをYで表すと，M_1とYの関係は次のように表すことができます．

$$M_1 = kY \tag{4.4}$$

ここで，k（¿0）は比例定数を表しています．(4.4）を図を使って表すと，**図4-7**のように表されます．

最後に投機的動機による貨幣需要について考えてみましょう．投機的動機による貨幣需要の決定について考えるためには，債券と利子率の関係について考えなければなりません．

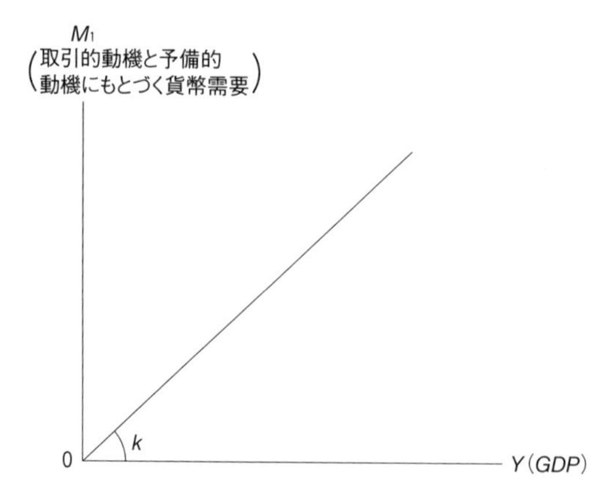

図4-7　取引的動機と予備的動機にもとづく貨幣需要

実際の経済における利子率とは，たとえば，中央銀行から市中銀行への貸出利子率である公定歩合，一般の人々の預金に対する預金利子率，企業への融資に対する貸出利子率，社債や国債に対する債券利子率などがあります．

この中でも，債券利子率は，資金の貸し手と借り手が直接的に貸し借りをおこなうときの利子率であり，代表的な利子率と考えられますので，これ以降の分析では，「利子率」とは「債券利子率」を表しているとします．

それでは，債券利子率とは具体的にどのようなものなのでしょうか．株などの債券には一定の利子が付けられていますが，たとえば額面10000円に対して(年率) 10パーセントの利子が支払われる債券を考えてみます．この10パーセントという利子率は固定されていますので確定利子とよばれます．すなわち，この債券を保有している人は(毎年) 10000円×0.1＝1000円の利子を得ることができるのです．

一方，債券の売買は債券市場でおこなわれます．たとえば，企業は債券を発行して売却することによって資金を得ることができ，債券を購入する人は利子収入を得ることができます．したがって，債券市場では，債券を発行する企業が集まって債券の供給をつくりだし，その一方で，債券を購入する人々が集まって債券の需要をつくりだしています．そして，需要と供給が一致するところで債券の価格が決定されることになるのです．

いま，先ほどの額面10000円の債券への需要が（何らかの原因で）減少し，債券市場において債券価格が10000円から5000円に下落したとしましょう．価格が5000円に下落しても利子支払いは1000円のままですので，この債券の利子率は（$\frac{1000}{5000}=0.2=$）20パーセントということになります．債券の価格が10000円から5000円に下落した結果，利子率は10パーセントから20パーセントに上昇したのです．

このように，債券の価格が下落するとき利子率は上昇しますので，債券の価格と利子率の間には負の関係が存在しています．逆に，債券価格が上昇したことを考えても，同様のことを確かめることができます．すなわち，債券価格が上昇すると，利子率は下落するのです．

以上のことから，利子率が高いときは債券価格が低くなっていると考えられますが，債券価格が低いと，人々は（将来的に）債券価格が高くなると見込んで債券を購入するようになります．なぜなら，もし債券を購入したら，その価格が上がって収益（キャピタル・ゲイン）を得る可能性があるからです．そして，債券を購入するようになると，貨幣を手元にもたないようになります．このように，利子率が高いときには，貨幣への需要が減少することになるのです．

逆に，利子率が低いときは債券価格が高くなっていると考えられますが，債券価格が高いと，人々は（将来的に）債券価格が低くなると見込んで債券を買い控えるようになります．なぜなら，もし債券を購入したら，その価格が下がって損失（キャピタル・ロス）を被る可能性があるからです．そして，債券を買い控えるようになると，その代わりに貨幣を手元にもっておくようになります．このように，利子率が低いときには，貨幣への需要が増加することになるのです．

利子率がさらに下落して，債券価格がさらに高くなっていくと貨幣への需要はどうなっていくでしょうか．さきほど考えましたように，人々は債券の購入をさらに控えようとしますので，貨幣への需要は増加していきます．そして，利子率が下がり切り，債券価格が上がり切ってしまったと人々が考えるところまできたとき，人々は債券をまったく購入しようとせず，債券への需要はゼロとなり，貨幣のみが保有される状態になります．

以上のことから，投機的動機にもとづく貨幣需要は利子率によって決定されるということがわかりましたので，投機的動機にもとづく貨幣需要を M_2 と表し，利子率の大きさを r と表すと，M_2 と r の関係は次のように表すことができます．

$$M_2 = M_2\ (r) \qquad (4.5)$$

ここまで考察したことを，(4.5) を**図 4 - 8** を使って表すことで，もう一度振り返ってみましょう．

まず，利子率が高い水準 r_H にある状況を想定します．高い利子率は低い債券価格に対応していましたので，この状況では，人々は債券を多く購入しようとします．なぜなら，(さきほど考えましたように) 将来の債券価格の上昇を予想してキャピタル・ゲインを得ようとするからです．したがって，貨幣を手元に

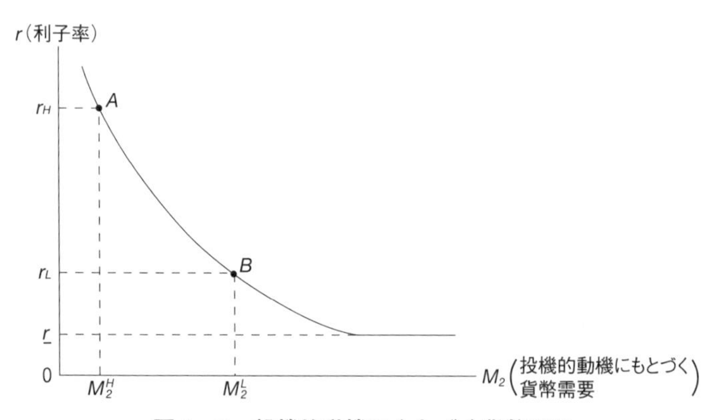

図 4 - 8　投機的動機にもとづく貨幣需要

保有しようとはせず，貨幣への需要は少なくなりますので，たとえばM_2^Hの貨幣しか保有しようとしなくなります．この状況は**図4-8**のA点で実現される状況です．

次に，利子率が低い水準r_Lにある状況を想定します．低い利子率は高い債券価格に対応していましたので，この状況では，人々は債券をあまり購入しようとはせず，貨幣を手元に保有しようとします．なぜなら，将来の債券価格の下落を予想してキャピタル・ロスを被ることを避けようとしているからです．したがって，多くの貨幣を手元に保有しようとし，たとえばM_2^Lの貨幣を保有しようとします．この状況は**図4-8**のB点で実現される状況です．

最後に，利子率が$\underline{r}$まで下落した状況を想定します．低い利子率は高い債券価格に対応していますが，ここでは，利子率が下がり切り，債券価格が上がり切ったと人々は考えています．すると，債券価格がこれ以上高くならないと考えていますので，誰も債券を購入しなくなります．なぜなら，債券価格は将来下落するのみで，上昇することはなく，キャピタル・ロスを被ることが明白だからです．

このように，利子率が$\underline{r}$の水準にあるときは貨幣のみが需要されることになりますので，供給された貨幣のすべてが手元に保有されることになります．そして，貨幣の供給が増加した場合は，増加分がそのまま保有されることになります．以上のことから，利子率が$\underline{r}$の水準にある場合，**図4-8**に描かれているように，投機的動機にもとづく貨幣需要を表したグラフは水平になるのです．

このように，貨幣需要を表した曲線が水平になっている部分は**流動性のわな**とよばれています．

4.2.2 貨幣市場の均衡

前項で貨幣への需要について考えましたので，この項では貨幣の供給を分析に導入し，貨幣市場の均衡について考えてみます．貨幣への需要は，取引的動機および予備的動機にもとづく貨幣需要M_1と投機的動機にもとづく貨幣需要

M_2に分かれていました．したがって，貨幣への需要全体M_Dは，これらの需要を合計したものになりますので，(4.4)，(4.5) を使って以下のように表すことができます．

$$M_D = M_1 + M_2$$
$$= kY + M_2(r) \quad (4.6)$$

一方，貨幣の供給量は中央銀行が決定しますので，ある定数になります．これを$\bar{M}_S$で表すことにしましょう．貨幣市場の均衡とは，貨幣への需要と供給が等しくなることですので，(4.6) で表された貨幣需要と$\bar{M}_S$が等しくなるときに達成されます．

$$\bar{M}_S = kY + M_2 \ (r) \quad (4.7)$$

それでは，(4.7) を使って貨幣市場が均衡しているときのGDPと利子率の関係について考えてみましょう．(4.7) をM_2 (r) について整理すると (4.8) のようになります．

$$M_2(r) = \bar{M}_S - kY \quad (4.8)$$

いまGDPの大きさがY_1であったとしましょう．(4.8) の右辺のYにY_1を代入すれば，左辺の投機的動機にもとづく貨幣需要により，対応する利子率r_1を求めることができます．

$$M_2(r_1) = \bar{M}_S - kY_1 \quad (4.9)$$

(4.9) の右辺にある$\bar{M}_S$は定数であり，kY_1も定数なので右辺全体は定数になります．この定数に対応する利子率r_1が，左辺の投機的動機にもとづく貨幣需要より決定されるのです．同様に考えて，他の大きさのGDPに対しても(4.8)にあてはめることで，そのGDPに対応する利子率を求めることができるのです．

4.2.3　LM 曲線の導出

前項における分析により，たとえばGDP が Y_1であったときには，取引的動機および予備的動機にもとづく貨幣需要と貨幣供給量をもとに，投機的動機にもとづく貨幣需要によって利子率の大きさが r_1に決定されることが（4.9）より確認されました．

しかしながら，GDP は変化しますので，Y_1以外の大きさの GDP に対しては，異なった大きさの取引的動機および予備的動機にもとづく貨幣需要が対応し，その貨幣需要の大きさと貨幣供給量によって，投機的動機にもとづく貨幣需要を通じて r_1とは別の水準の利子率が対応することになります．

このように，さまざまな GDP の水準に対応して，さまざまな大きさの利子率が決定されることになるのですが，このことを，4.1.3項で**図 4 - 4** を使って IS 曲線を導出したときと同様の方法で考えてみましょう．

図 4 - 9 は，4.1.3項の**図 4 - 4** と同様に，第1象限から第4象限までである4つの象限を合わせた図です．第2象限には，（**図 4 - 8** でも紹介した）投機的動機にもとづく貨幣需要 M_2が，第3象限には45度線が，第4象限には（**図 4 - 7** でも紹介した）取引的動機および予備的動機にもとづく貨幣需要が，それぞれ描かれています．そして，第1象限は縦軸に利子率を測り，横軸に Y（GDP）を測っていますが，今から各 GDP に対応する利子率の大きさを調べ，GDP と利子率の組合せを表す座標を探していきます．

その前に，**図 4 - 9** の第3象限の45度線をもう一度みてみましょう．4.1.3節の**図 4 - 4** の第3象限に描かれていた45度線とは形が異なっています．そこで，分析を進める前に，この45度線の意味していることを確認しておきましょう．

ここでは，貨幣市場において貨幣への需要と供給が等しくなっている状態（均衡）を想定して分析が進められています．すなわち，貨幣の供給 $\overline{M}s$ と貨幣への需要 M_1+M_2（取引的動機および予備的動機による貨幣需要と投機的動機による貨幣需要の合計）が等しくなっている状況を想定しています．

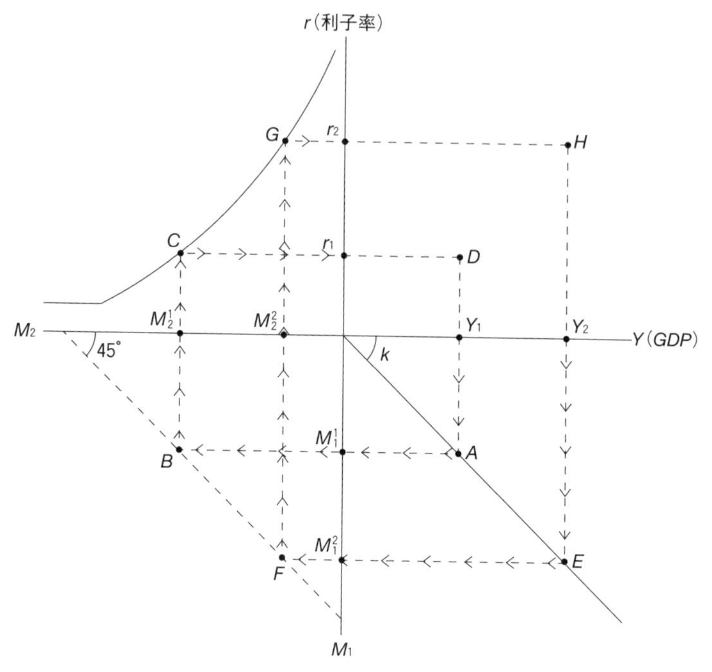

図 4 - 9　GDP と利子率の関係

$$\bar{M}_S = M_1 + M_2 \quad (4.10)$$

（4. 10）を M_2について整理します．

$$M_2 = -M_1 + \bar{M}_S \quad (4.11)$$

$\bar{M}_S$はある定数ですので，（4. 11）より M_2と M_1の関係が**図 4 -10**のように描かれます．

図 4 -10を原点を中心にして裏返すと，**図 4 - 9** の第３象限に描かれている図が得られます．すなわち，第３象限には貨幣市場が均衡している状態が表されているのです．

第３象限に描かれている45度線の意味が確認できましたので，**図 4 - 9** にも

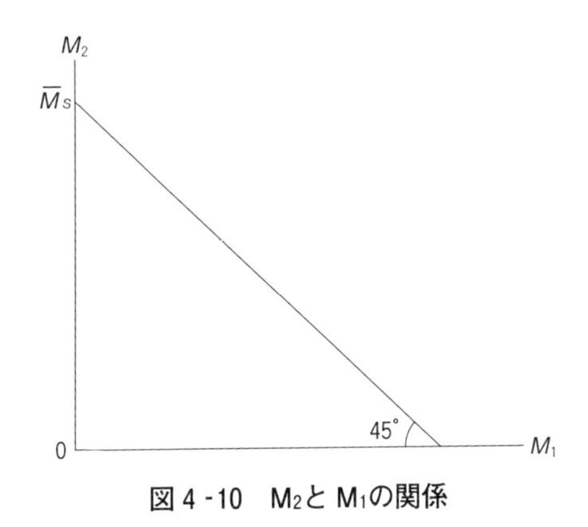

図 4 -10　M_2と M_1の関係

どって GDP と利子率の関係をみていくことにします．

現在の GDP が Y_1の大きさであるとしましょう．このとき，取引動機および予備的動機による貨幣需要 M_1の大きさは，Y_1から下向きにスタートし，第4象限に描かれた直線上の A 点で折り返すことで，下方に伸びた縦軸上で M_1^1の水準に決定されます．ここでは，貨幣市場の均衡を想定していますので，貨幣供給量から M_1^1を除いた残りが投機的動機による貨幣需要 M_2になります．

投機的動機による貨幣需要の大きさは，どのようにして決定されるでしょうか．このとき重要な役割を演じるのが，第3象限に描かれた45度線です．**図 4 -10**を使って考えましたように，45度線上の点では貨幣市場が均衡しています．すなわち，第3象限において，M_1^1に対応する45度線上の点である B 点で折り返して，M_2を測った左方の横軸と交差する点によって投機的動機による貨幣需要 M_2^1が決定されるのです．

投機的動機による貨幣需要の大きさが M_2^1に決定されれば，第2象限に描かれた曲線を使って M_2^1に対応する C 点で折り返すことで，利子率の大きさが r_1に決定されることになります．

このように，たとえば GDP の大きさが Y_1であれば，それに対応する利子率の水準は r_1になりますので，第1象限の D 点によって，その組合せが表されることになるのです．

同様のことを，別の大きさのGDPでも考えてみましょう．今度は現在のGDPの大きさがY_2であるとします．取引動機および予備的動機による貨幣需要M_1の大きさは，第4象限に描かれた直線上のEによってM_1^2の大きさに決定されます．そして，第3象限において，M_1^2に対応する45度線上のF点で折り返して，M_2を測った左方の横軸と交差する点によって投機的動機による貨幣需要M_2^2が決定されます．最後に，第2象限に描かれた曲線を使ってM_2^2に対応するG点で折り返すことで，利子率の大きさがr_2に決定されることになるのです．

このように，たとえばGDPの大きさがY_2であれば，それに対応する利子率の水準はr_2であることがわかり，第1象限のH点はその組合せを表した点になっているのです．

図4-9を使えば，さまざまなGDPの大きさに対応する利子率の水準を作図によって求めることができます．その結果，D点やH点のような（貨幣市場を均衡させる）GDPと利子率の組合せを表した点が第1象限にたくさん描かれることになります．そのような点を結んでいくと，**図4-11**のような曲線が出てきます．

図4-11に描かれた曲線は**LM曲線**とよばれています．この曲線は，利子率

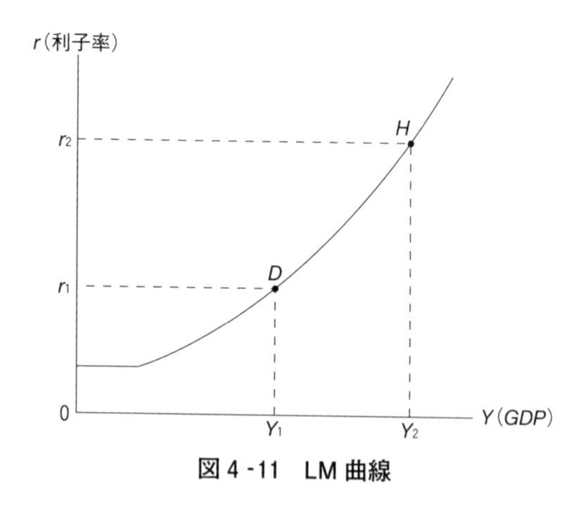

図4-11　LM曲線

が決定されるとき，貨幣への需要（L）と貨幣の供給（M）が均衡していることを使って描かれていることから LM 曲線とよばれるのです．

LM 曲線から明らかなように，GDP が大きくなると利子率も高くなります．すなわち，GDP の大きさと利子率の水準は正の関係にあるのです．

最後に，LM 曲線について以下の点を注意しておきましょう．LM 曲線は利子率と国内総生産（GDP）の関係を表していますが，単に利子率と GDP の組合せを表しているのではありません．LM 曲線は，GDP がある水準に与えられたとき，その水準に対応する利子率の水準を表しているのです．

したがって，国内総生産（GDP）の大きさが与えられなければ LM 曲線は描くことができません．このことから，国内総生産（GDP）の大きさがどのように決まっているのかについては，LM 曲線は何も示してはいないのです．

なお，次の節に進む前に第4. 2節（「貨幣場の均衡と LM 曲線」）において考察したことをイメージとしてふりかえっておきましょう．次の**図 4 -12**は，第4. 2節で考察したことをイメージ図として表しています．ここから先の分析において

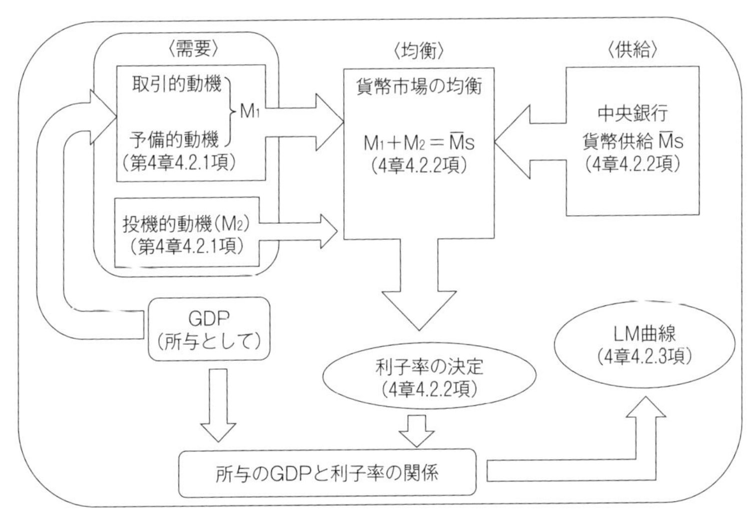

図 4 -12　第 4 章4. 2節における分析のイメージ図

は経済全体をとらえていくイメージが必要になってきますので，貨幣需要に関する個別の知識なども重要なのですが，全体像をイメージとしてとらえることができるように，**図 4 -12**を確認しておいてください．

4.3 財市場と貨幣市場の同時的均衡

4.3.1 財市場と貨幣市場の関係

経済全体は，大きく分けて財市場と貨幣市場から構成されていると考えられます．財市場については，4.1節において財市場の均衡から IS 曲線を導出し，貨幣市場については，4.2節において貨幣市場の均衡から LM 曲線を導出しました．この項では，財市場と貨幣市場を別々ではなく同時に考察し，財市場と貨幣市場の同時的均衡について考えていきます．

4.1.3項では IS 曲線を作図によって導出しましたが，導出するときには利子率の水準は最初から与えられたものとして考え，その利子率に対応する GDP を財市場の均衡より求めていきました．すなわち，利子率そのものの決定については未検討のままでした．一方，4.2.3項では LM 曲線を導出しましたが，導出するときには GDP の大きさは最初から与えられたものとして考え，その GDP に対応する利子率を貨幣市場の均衡より求めていきました．すなわち，GDP そのものの決定については未検討のままでした．

このように，IS 曲線を導出するときには利子率が与えられたものと考え，LM 曲線を導出するときには GDP が与えられたものと，それぞれ考えていました．その一方で，利子率は LM 曲線を導出するときに決定され，GDP は IS 曲線を導出するときに決定されていました．

言い換えると，財市場の均衡について考えるとき所与とされた利子率は貨幣市場で決定され，貨幣市場の均衡について考えるとき所与とされた GDP は財市場で決定されていたのです．以上のことから，両市場の均衡を同時的に考えれば利子率と GDP は同時に決定されることになります．このことを図を使っ

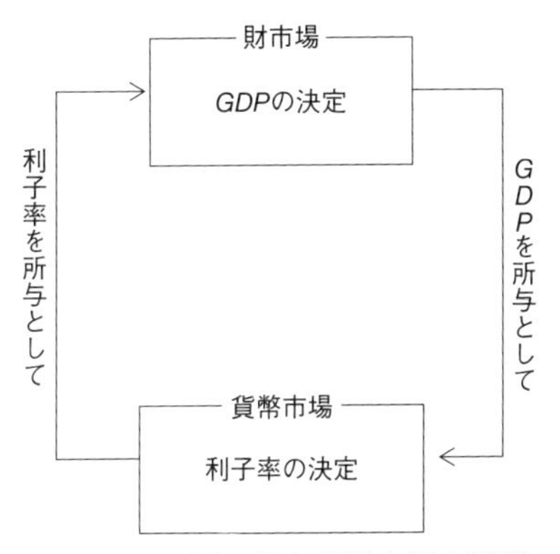

図4-13　財市場と貨幣市場の関係

て考えると**図4-13**のように示されます．

図4-13に示されているように，それぞれの市場が所与としているものを，それぞれの市場が決定していますので，両市場の均衡を同時に考えることで利子率とGDPが同時に決定されることになるのです．

このような両市場の同時的均衡は，(**図4-14**に示されているように) IS曲線とLM曲線の交点で実現されます．なぜならIS曲線は財市場の均衡を表し，LM曲線は貨幣市場の均衡を表しているからです．

E点は両曲線の交点であり，利子率がr*，Y (GDP) がY*にそれぞれ決定されている点です．ここで，IS曲線のみを考えた場合は，利子率の水準がr*に与えられればGDPの大きさがY*に決定されます．一方，LM曲線のみを考えた場合は，GDPの大きさがY*に与えられれば利子率の水準がr*に決定されます．すなわち，一方の市場で所与となっているものが，もう一方の市場で決定されていますので，両市場の均衡を同時に考えたE点では，GDPと利子率が同時に決定されることになるのです．

ここで少し注意しておかなければならないことがあります．4.1.3項でIS曲線を導出したときに縦軸に利子率を測っていましたが，この縦軸の利子率については4.1.1項において投資関数について考察したときに少しふれていますが，

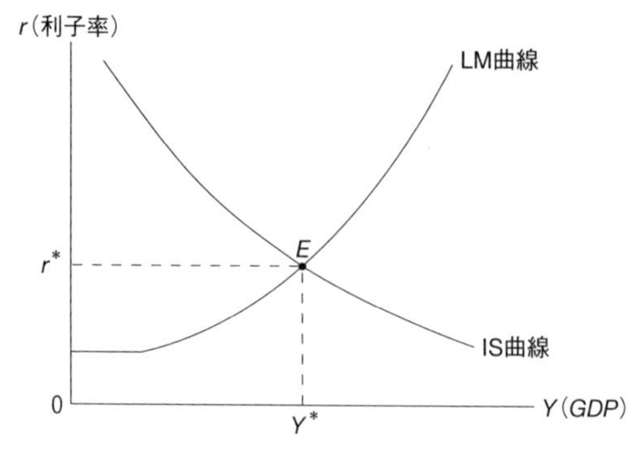

図 4 -14　財市場と貨幣市場の同時的均衡

少し漠然としたものでした．4.2.1項において貨幣需要について考察したとき，この利子率について少し踏み込んで考察しましたが，貨幣需要について考察するときには，債券利子率を利子率としてとらえていました．

図 4 -14においては，4.1.3項で導出したIS曲線と4.2.3項で導出したLM曲線を同じ座標上に描いていますが，このとき縦軸の利子率は債券利子率を測っています．4.1.1項の**図 4 - 3**で表されている投資関数のグラフの縦軸を債券利子率に置き換え，設備投資をおこなうか，あるいは，債券を購入するかという選択の話に置き換えた場合，たとえば債券利子率が低い場合は（債券価格が上昇しているので）債券の購入には（あまり）向かわず，設備投資をおこなうことになります．逆に，債券利子率が高い場合は（債券価格が低下しているので）債券の購入に向かい，設備投資には（あまり）向かなくなります．

以上のことから，投資関数のグラフの縦軸を債券利子率に置き換えた場合も同様の考察をおこなうことができますので，**図 4 -14**のように２つの曲線を同じ座標上に描くことができるのです．

4.3.2　財政政策とIS曲線のシフト

GDPを大きくすることを目的として，政府が公共投資をおこなうことを考えたとしましょう．第３章の3.4.2項で考えましたように，この投資によって

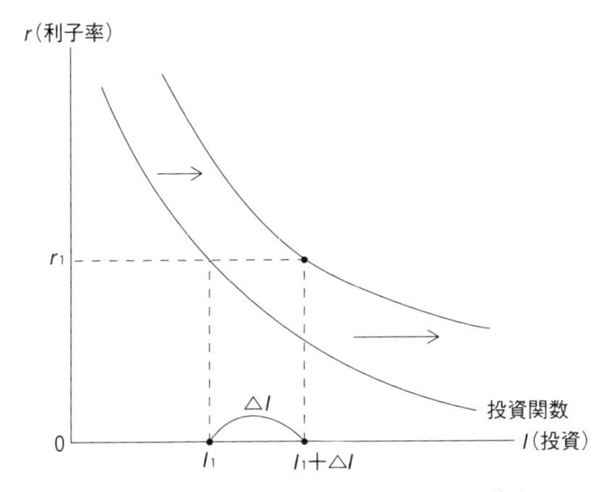

図 4 -15　公共投資による投資関数の移動

GDP はいくらか増加することになります．このことを，公共投資によって IS 曲線が変化することを使って考えてみることにします．

政府が公共投資をおこなうと，その投資分だけ経済全体の投資が増加することになりますので，利子率の水準が変化しなくても投資が増加することになります．すなわち，**図 4 -15**に描かれているように，投資関数は右方へ移動することになるのです．

公共投資がおこなわれる前は，r_1の水準の利子率に対してI_1の大きさの投資がおこなわれていました．政府が公共投資をおこなうことを決定し，ΔI の大きさの投資がおこなわれると，利子率の水準はr_1のままでも，投資はI_1から$I_1 + \Delta I$ の大きさに増加することになります．すなわち，r_1の水準の利子率に対して$I_1 + \Delta I$ の大きさの投資がおこなわれることになるので，**図 4 -15**に描かれているように，投資関数は右方へ移動することになるのです．

財政政策による公共投資によって，**図 4 -15**のように投資関数が移動した場合，IS 曲線はどのように変化するでしょうか．このことを，**図 4 - 4** と同様の図を使って考えてみましょう．

図 4 - 4 と同様に，**図 4 -16**は第 1 象限から第 4 象限まである 4 つの象限を合

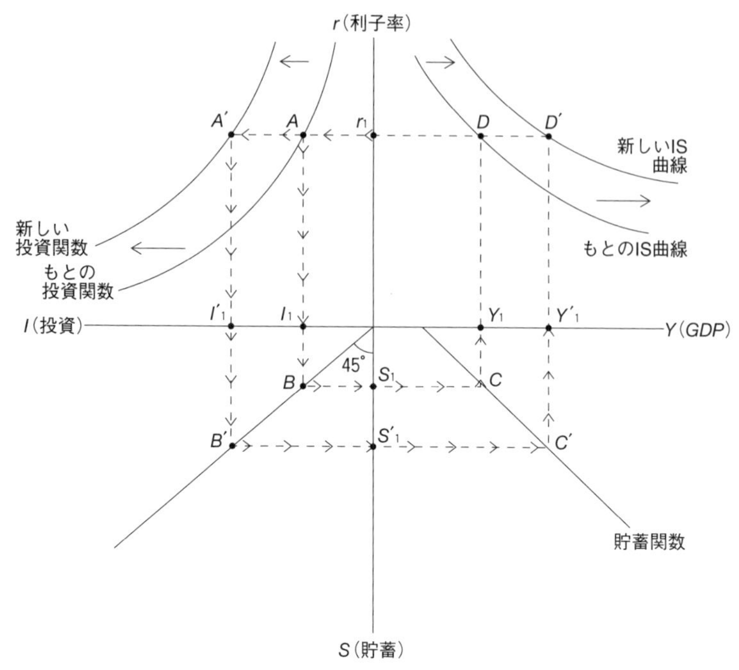

図 4 -16　公共投資と IS 曲線の移動

わせた図になっています．第 2 象限には投資関数が，第 3 象限には（第 3 章の3.1.3項で考察した）45度線が，第 4 象限には（第 3 章の3.1.2項で考察した）貯蓄関数が，それぞれ描かれています．そして，第 1 象限は，縦軸に利子率，横軸に Y(GDP) がそれぞれ測られています．

まず，公共投資がおこなわれて投資関数が移動する前の IS 曲線について確認しましょう．利子率が r_1の水準にあったとします．このとき，投資の大きさは，**図 4 -16**の第 2 象限に描かれたもとの投資関数上の A 点によって I_1の水準に決定されます．GDP が決定されるときには財市場の均衡条件より投資と貯蓄が等しくなっていますので，I_1と同じ大きさの貯蓄が必要になります．

I_1と同じ大きさの貯蓄を求めるために，第 3 象限において，投資 I_1に対応する45度線上の B 点で折り返して，貯蓄を測った下向きの縦軸と交差する点を求めます．このようにして求められた点によって，投資I_1と等しい大きさの貯蓄S_1が決定されるのです．

GDPを決定する貯蓄の大きさがS_1に決定されれば，第4象限に描かれた貯蓄関数を使って貯蓄S_1に対応するC点で折り返すことで，GDPの大きさがY_1に決定されることになります．このように，利子率の水準がr_1であれば，それに対応するGDPの大きさはY_1であることがわかり，第1象限のD点はその組合せ（r_1，Y_1）を表しているのです．

それでは，公共投資がおこなわれて投資関数が移動したとき，IS曲線はどのように変化するでしょうか．さきほどと同様に，利子率がr_1の水準にあったとします．このとき，投資の大きさは，**図4-16**の第2象限に描かれた新しい投資関数上のA′点によってI'_1の水準に決定されます．

次に，I'_1と同じ大きさの貯蓄を求めるために，第3象限において，投資I'_1に対応する45度線上のB′点で折り返して，貯蓄を測った下向きの縦軸と交差する点を求めます．このようにして求められた点によって，投資I'_1と等しい大きさの貯蓄S'_1が決定されます．

最後に，GDPを決定する貯蓄の大きさがS'_1に決定されましたので，第4象限に描かれた貯蓄関数を使って貯蓄S'_1に対応するC′点で折り返せば，GDPの大きさがY_1'に決定されることになります．

このように，利子率の水準がr_1のままであっても，投資関数が移動した場合，それに対応するGDPの大きさはY_1からY_1'に変化します．この変化によって，利子率とGDPの組合せを表した点も第1象限のD点からD′点に移動します．

この変化によって，IS曲線もD点を通るもとのIS曲線からD′を通る新しいIS曲線に変化します．すなわち，公共投資がおこなわれることによってIS曲線は右方へ移動することになるのです．

4.3.3　金融政策とLM曲線のシフト

4.3.2項では，財政政策による公共投資がIS曲線の変化を通してGDPにどのような影響を与えるかについて考察しました．この節では，金融政策がLM曲線の変化を通してGDPにどのような影響を与えるかについて考えていきます．

金融政策と一口に言いましても，具体的にはいくつかの政策に分かれます．日本の場合は，日本銀行がおこなう次の3つの政策が金融政策とよばれています．すなわち，公定歩合の操作，公開市場操作，支払準備率操作です．

公定歩合とは，日本銀行が市中銀行に対して貸付をおこなう際の貸出金利のことですが，公定歩合が高い水準にあると，市中銀行は日本銀行からの借り入れを控えるようになり，その結果，市中銀行から民間への貸付がマイナスの影響を受けることになります．逆の場合は，プラスの影響を受けることになります．したがって，公定歩合の水準を操作することによって，市中銀行から民間への貨幣供給に影響を与えることができるのです．

公開市場操作とは，日本銀行が政府の発行する国債を購入したり，あるいは，所有している国債を政府に償還してもらうことです．国債を購入した場合は，政府が日本銀行から貨幣を得ることになりますので，その貨幣は政府支出を通して民間に出ていくことになります．逆に，国債を償還する場合は，政府が日本銀行に支払いをおこなうことになりますので，支払いにもちいられた貨幣は民間から日本銀行に戻ることになります．いずれにしても，公開市場操作をおこなうことによって貨幣供給に影響を与えることができるのです．

支払準備率とは，市中銀行がその預金残高のうち貸出しに回さないで銀行内に留めておく割合のことであり，その割合は日本銀行によって決定されています．したがって，支払準備率を高い水準に決定すれば，その分，市中銀行が民間に貸し出すことのできる貨幣は少なくなり，逆の場合は，多くなります．いずれにしても，支払準備率を操作することによって貨幣供給に影響を与えることができるのです．

このように，この3つの政策はそれぞれ貨幣供給量に影響を与えることができます．そこで，ここでは，金融政策とは貨幣供給量を操作する政策のことであると定義して，金融政策による貨幣供給量の増減が LM 曲線にどのような影響を与えるかについて調べていきましょう．

まず，金融政策によって貨幣供給量が増加した場合について考えてみます．取引的動機および予備的動機にもとづく貨幣需要（M_1），投機的動機にもとづく貨幣需要（M_2），貨幣供給量（$\bar{M}s$）の間には，貨幣市場が均衡しているとき，次のような関係がありました．

$$M_2 = -M_1 + \bar{M}s \tag{4.11}$$

ここで，金融政策によって貨幣供給量が$\bar{M}s$から$\bar{M}'s$に増加したとしましょう．すると，(4.11) は次のように書き換えられます．

$$M_2 = -M_1 + \bar{M}'s \tag{4.12}$$

(4.11) と (4.12) を同じ座標上に，**図 4 -10**のように描くと次のようになります．

したがって，貨幣供給量が増加すると45度線は右上に平行移動するのです．

図 4 -17で確認したことをもとに，**図 4 - 9** と同様の図を使いながら，貨幣供給量の増加による LM 曲線の変化について考えてみましょう．

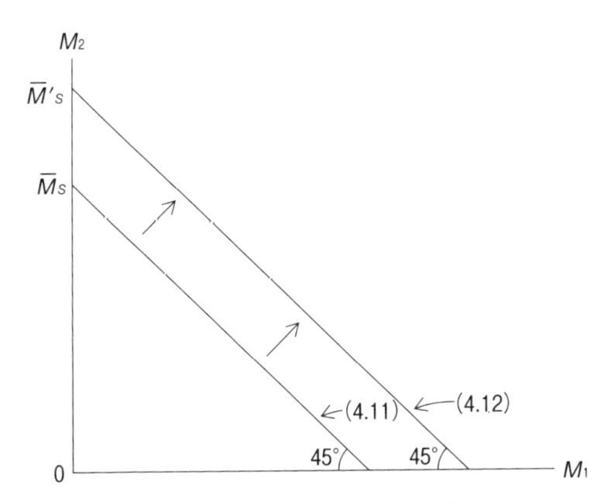

図 4 -17　貨幣供給の増加による45度線のシフト

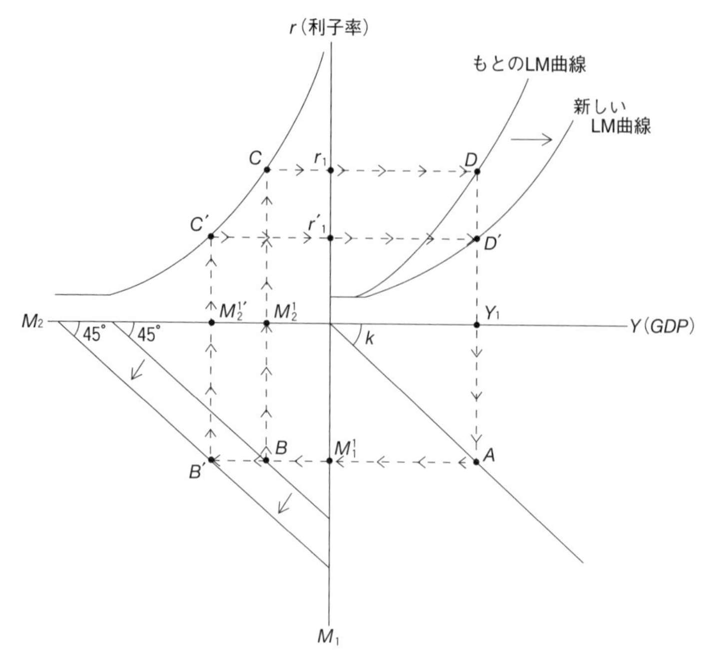

図 4 -18　貨幣供給量の増加と LM 曲線の移動

図 4 -18は，**図 4 - 9** と同様に，第 1 象限から第 4 象限まである 4 つの象限を合わせた図です．第 2 象限には，投機的動機にもとづく貨幣需要 M_2が，第 3 象限には，45度線が，第 4 象限には，取引的動機および予備的動機にもとづく貨幣需要が，それぞれ描かれています．

まず，金融政策がおこなわれて45度線が移動する前の LM 曲線について確認しましょう．GDP の大きさが Y_1あったとすると，取引動機および予備的動機による貨幣需要 M_1の大きさは，第 4 象限に描かれた直線上の A 点で折り返して，下方に伸びた縦軸上に M_1^1の水準に決定されます．

貨幣市場が均衡する状態を想定しているので，投機的動機による貨幣需要の大きさは，第 3 象限において，M_1^1に対応する45度線上の B 点で折り返して，M_2を測った左方向の横軸と交差する点によって M_2^1の大きさに決定されます．

投機的動機による貨幣需要の大きさがM_2^1に決定されれば，第2象限に描かれた曲線を使ってM_2^1に対応するC点で折り返すことで，利子率の大きさがr_1に決定されることになります．

以上のことから，GDPの大きさがY_1であれば，それに対応する利子率の水準はr_1であることがわかり，第1象限のD点はその組合せを表した点になっていました．

それでは，金融政策がおこなわれて第3象限に描かれている45度線が左下方に移動したときに，LM曲線はどのように変化するでしょうか．さきほどと同様に，GDPがY_1の水準にあったとすると，取引的動機および予備的動機による貨幣需要M_1の大きさは，第4象限に描かれた直線上のA点で折り返してM_1^1の大きさに決定されます．

次に，投機的動機による貨幣需要の大きさM_2は，第3象限において，M_1^1に対応する45度線上の点で折り返して決定されるのですが，金融政策による貨幣供給量の増加によって45度線は左下方に移動しています．したがって，移動した45度線上のB'点で折り返して，$M_2^{1'}$の大きさに決定されることになります．

投機的動機による貨幣需要の大きさが$M_2^{1'}$に決定されれば，第2象限に描かれた曲線を使って$M_2^{1'}$に対応するC'点で折り返すことで，利子率の大きさがr'_1に決定されます．

以上のことから，金融政策により貨幣供給量が増加した場合は，Y_1の大きさのGDPに対応する利子率の水準はr'_1となり，金融政策がおこなわれる前のGDPと利子率の組合せD点に対して，新しい組合せはD'点に移動することが確認できました．

この変化によって，LM曲線もD点を通るもとのLM曲線からD'点を通る新しいLM曲線に変化します．すなわち，金融政策によって貨幣供給量が増加することでLM曲線は右方へ移動することになるのです．

4.4　財政・金融政策の効果

前節までの考察をもとにして，財政政策・金融政策がGDPや利子率に及ぼす効果について考えてみましょう．まず，経済が**図4-14**で示されていた財市場と貨幣市場の同時的均衡の状態にあり，**図4-19**のように，GDPがY*，利子率がr*の水準に，それぞれあるとしましょう．

まず，財政政策の効果についてみてみます．財政政策による公共投資がおこなわれて，**図4-16**に示されていたように，IS曲線が右方向に移動したとしましょう．すると，**図4-20**に示されているように，IS曲線とLM曲線の交点がE点からE′点に移動しますので，GDPはY*からY*′へ増加し，利子率はr*からr*′へ上昇します．

したがって，財政政策による公共投資によってGDPを増加させることができますが，同時に，利子率も上昇させてしまうのです．利子率の上昇は，**図4-3**に示された投資関数より，投資額の減少を意味しますので，第3章の3.4.2項で確認した財政乗数より，GDPにマイナスの影響を与えてしまいます．

この状況を長期的に考えると，現在は公共投資によりGDPが増加しますが，

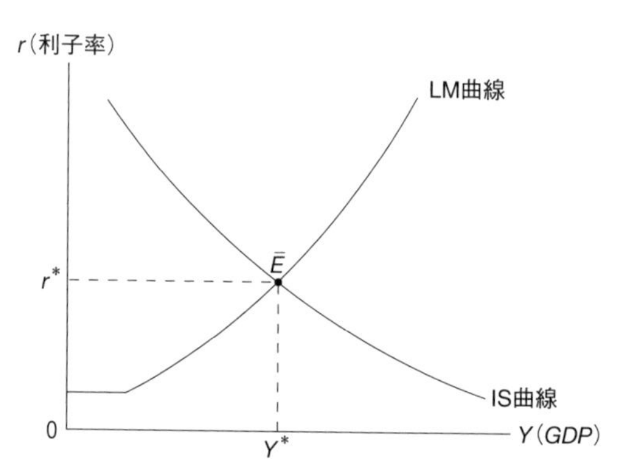

図4-19　財政・金融政策が施行される前の経済の状態

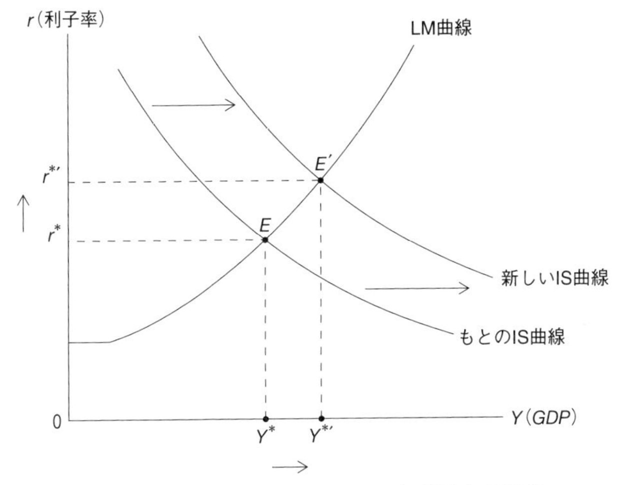

図4-20　財政政策による *GDP* と利子率の変化

将来的には，利子率の上昇による投資の減少からGDPが減少することが考えられます．財政政策による公共投資には，このようなプラスの効果と（将来的な）マイナスの効果が含まれているのです．

それでは，次に，金融政策の効果についてみてみましょう．金融政策がおこなわれて貨幣供給量が増加し，**図4-18**に示されていたように，LM曲線が右方向に移動したとしましょう．すると，**図4-21**に示されているように，IS曲線とLM曲線の交点がE点からE′点に移動しますので，GDPはY*からY*′へ増加し，利子率はr*からr*′へ下落します．

したがって，金融政策による貨幣供給量の増加によってGDPを増加させることができますが，同時に，利子率も下落させることができます．利子率の下落は，**図4-3**に示された投資関数より，投資額の増加を意味しますので，第3章の3.4.2項で確認した財政乗数より，GDPにプラスの影響を与えることができます．

この状況を長期的に考えると，現在は金融政策によりGDPが増加しますが，将来的にも，利子率の下落による投資の増加からGDPが増加することが考え

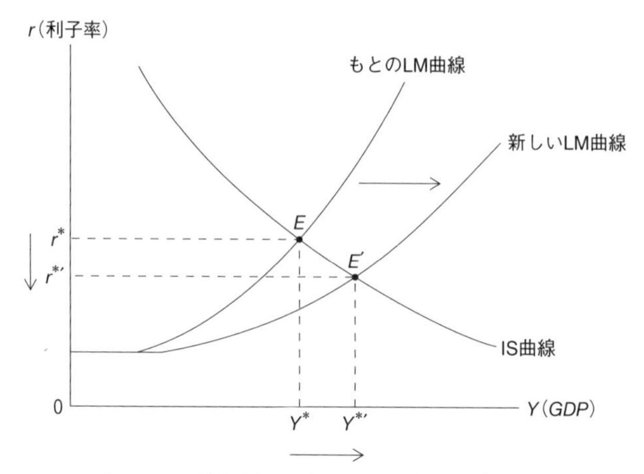

図 4-21　金融政策による GDP と利子率の変化

られます．金融政策による貨幣供給量の増加には，このような現在と将来にわたる GDP へのプラスの効果が含まれているのです．

それでは，金融政策による貨幣供給量の増加を積極的におこなっていけば良いのでしょうか．(本書では触れておりませんが) 貨幣供給量の行き過ぎた増加はインフレーションを招く恐れがあります．いったんインフレーションが起こってしまうと，経済をもとの状態に戻すために，さまざまな別の政策を施行しなければならなくなります．したがって，金融政策は長期的な視野をもって，慎重におこなわれなければならないのです．

最後に，財政政策と金融政策を同時におこなうことを考えてみましょう．財政政策による公共投資がおこなわれると，**図 4-16**に示されていたように，IS 曲線が右方向に移動します．一方，金融政策によって貨幣供給量が増加すると，**図 4-18**に示されていたように，LM 曲線が右方向に移動します．

両曲線の移動と GDP や利子率の変化を図で考えると，**図 4-22**のようになります．

財政政策によって IS 曲線は右方向に移動しますが，金融政策がおこなわれない場合は LM 曲線が動きませんので，両曲線の交点が E 点から E_1点へ移動

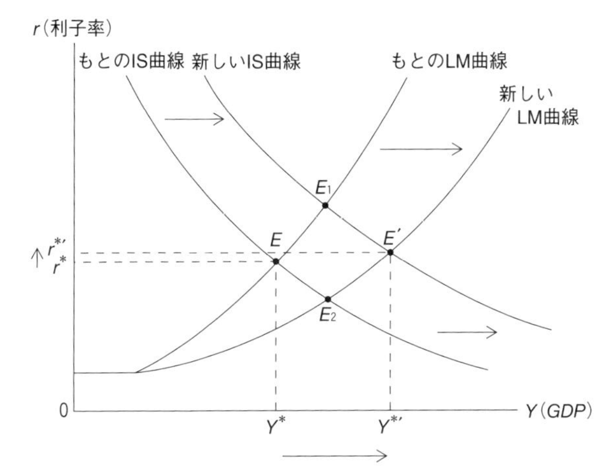

図 4 -22　財政・金融政策による GDP と利子率の変化

し，**図 4 -20**で示されていたような状況になります（あるいは，金融政策のみがおこなわれる場合には，両曲線の交点は E 点から E_2点へ移動し，**図 4 -21**で示されていたような状況になります）．

しかし，ここでは財政政策と金融政策が同時におこなわれ，IS 曲線も LM 曲線も右方向に移動しますので，両曲線の交点は E 点から E′へ移動し，GDP は Y*から Y*′へ増加し，利子率は r*から r*′へ（わずかに）上昇します．

図 4 -20や**図 4 -21**と比べると，GDP は増加しますが，利子率はほとんど変化しません．利子率の変化が小さいので，**図 4 -20**のところで考察した利子率の上昇による投資の減少はあまり起こらず，その結果，GDP へのマイナス効果もあまり働かないでしょう．あるいは，**図 4 -21**のところで考察した利子率の下落による投資の増加はあまり起こらず，その結果，GDP へのプラス効果もあまり働かず，長期的なインフレーションの懸念も薄らぐでしょう．

このように，財政政策と金融政策を同時におこなえば，GDP の増加というプラスの効果のみを享受することができ，利子率の上昇（あるいは下落）によるマイナスの効果を小さくすることができるのです．

それでは，次の章に進む前に，IS-LM 分析について，以下の例を使って具体的にみていきましょう．

具体例

ある国の経済全体において，財市場と貨幣市場では，それぞれ次のような関係が成立しているとします．

$$
\text{財市場}\begin{cases} Y=C+I+G & \cdots① \\ C=20+0.8Y & \cdots② \\ I=40-4r & \cdots③ \\ G=20 & \cdots④ \end{cases} \tag{4.13}
$$

（Y：GDP，C：消費，I：投資，G：政府支出，r：利子率）

$$
\text{貨幣市場}\begin{cases} M=L & \cdots⑤ \\ L=0.2Y-2r+80 & \cdots⑥ \\ M=124 & \cdots⑦ \end{cases} \tag{4.14}
$$

（M：貨幣供給量，L：貨幣需要量）

また，物価水準は一定であるとします．このとき，次の３つのことを考えてみましょう．

（1） IS 曲線，LM 曲線は，それぞれどのように表されるでしょうか．

（2） 財市場と貨幣市場が同時に均衡するとき，GDP と利子率は，それぞれいくらになるでしょうか．

（3） 完全雇用の GDP が290であるとします．これを実現するために政府支出の増加（あるいは減少）をおこなうとすれば，政府支出をいくら増加（あるいは減少）させればよいでしょうか．

（1）について：

まず，IS曲線については，(4.13) の②（消費関数)，③（投資関数)，④（政府支出の大きさ）を財市場の均衡式である①にそれぞれ代入して求めます．

$$
\begin{aligned}
Y &= C + I + G \\
&= (20 + 0.8Y) + (40 - 4r) + 20 \\
&\therefore Y = 400 - 20r \ (IS \text{曲線})
\end{aligned}
\tag{4.15}
$$

(4.15) は，この経済におけるIS曲線を表しています．縦軸に利子率（r)，横軸にGDPを測って (4.15) を描くと，IS曲線を描いた**図4-5**のような右下がりの曲線が描かれます．

次に，LM曲線を求めましょう．LM曲線については，(4.14) の⑥(貨幣需要関数)，⑦(貨幣供給量）を貨幣市場の均衡式である⑤にそれぞれ代入して求めます．

$$
\begin{aligned}
M &= L \\
124 &= 0.2Y - 2r + 80 \\
&\therefore Y = 220 + 10r \ (LM \text{曲線})
\end{aligned}
\tag{4.16}
$$

(4.16) は，この経済におけるLM曲線を表しています．縦軸に利子率（r)，横軸にGDPを測って (4.16) を描くと，LM曲線を描いた**図4-11**のような右上がりの曲線が描かれます．

(2）について：

財市場と貨幣市場が同時に均衡するときのGDPと利子率は，(4.15) と (4.16) を連立方程式として解けば求めることができます．

$$
\begin{cases}
Y = 400 - 20r \ (IS \text{曲線}) \\
Y = 220 + 10r \ (LM \text{曲線})
\end{cases}
\tag{4.17}
$$

(4.17) をYとrに関する連立方程式として解けば，GDPと利子率を次のように求めることができます.

$$\begin{cases} Y=280 \text{（GDP）} \\ r=6 \text{（利子率）} \end{cases} \tag{4.18}$$

（3）について：

完全雇用のGDPが290となっていますので，(4.18) で求めたGDPを上回っています．したがって，第3章の3.3.1項で考察したデフレ・ギャップが発生していることになり，((4.13)の①の右辺で表された) C+I+Gが不足する状態になってることになります．

そこで，完全雇用を実現するためには，政府支出を増加させて不足している部分を補ってやらなければなりません．そこで，政府支出をいくら増加させればよいか考えてみましょう．

政府支出の増加分をΔGとします．すると，(4.13) の①で表された財市場の均衡条件は，次のように変更されます．

$$Y=C+I+G+\Delta G \tag{4.19}$$

(4.19) に，(4.13) の②(消費関数)，③(投資関数)，④((もとの) 政府支出の大きさ) をそれぞれ代入して，政府支出が増加した後のIS曲線を求めると，次のようになります．

$$\begin{aligned} Y &= C+I+G+\Delta G \\ &= (20+0.8Y)+(40-4r)+20+\Delta G \\ &\therefore Y=400-20r+5\Delta G \text{（政府支出の増加によって変化したIS曲線）} \end{aligned} \tag{4.20}$$

一方，貨幣市場では何の変化も起こっていないので，LM曲線は (4.16) のままです．ここでは，GDPの大きさは完全雇用水準の290を考えていますので，

(4.16) に Y＝290を代入します.

$$Y = 220 + 10r \quad (LM\text{ 曲線 } (4.16))$$
$$290 = 220 + 10r$$
$$\therefore r = 7 \quad (\text{完全雇用の場合の利子率}) \qquad (4.21)$$

完全雇用の GDP を実現するための政府支出の増加分 ΔG を求めるために, (4.20) に Y＝290と (4.21) を代入します.

$$Y = 400 - 20r + 5\Delta G$$
$$290 = 400 - 20 \times 7 + 5\Delta G$$
$$\therefore \Delta G = 6 \quad (\text{政府支出の増加分}) \qquad (4.22)$$

したがって, 完全雇用の GDP を実現するためには, 政府支出を 6 増加させればよいのです.

第5章 総需要・総供給分析

第4章（IS-LM分析）では，経済全体が財市場と貨幣市場の2つの市場から構成されていると想定して，財市場におけるGDPの決定に関する分析，および，貨幣市場における利子率の決定に関する分析をそれぞれおこないました．そして，この2つの分析を合わせることによって，経済全体におけるGDPと利子率の同時的決定について分析をおこないました．また，その分析の枠組みに財政政策，および，金融政策を導入することで，これらの経済政策がGDPや利子率におよぼす影響についても考察を進めました．

しかしながら，第4章における財市場の分析においては，消費関数にもとづいた貯蓄の決定，および，投資関数にもとづいた投資の決定を受けて，GDPの大きさがそれらの合計額として（受身的に）決定されており，経済全体の産出量そのものがどのように決定されているのかについては何もふれていませんでした．すなわち，消費関数は消費への需要を，投資関数は投資への需要をそれぞれ表していましたので，第4章での分析においては，この2つの需要の大きさの合計額に等しくなるように産出量が（受身的に）決定されるという想定のもとで考察が進められていたのです．

しかしながら，このように需要側の要因のみに依存してGDPの大きさが決定されるという想定は，供給側の要因を捨象したままで経済全体について考察することになってしまっていましたので，この章では第4章における分析に経済全体の産出量（すなわち供給）の決定に関する分析を導入することによってIS-LM分析に供給側の要因を導入し，需要側と供給側の両要因を含んだ（完全な）形での分析を進めることにします．

産出量の決定に関する分析を追加するために，経済全体の産出量を表す**マクロ生産関数**を分析に導入しますが，分析をできるだけ簡単なものにするために，産出量は（資本については考えず）経済全体の雇用量によってのみ決定されるものとします．雇用量によって産出量の決定を考える場合には，最終的な雇用量の決定に至る前の段階として，労働需要の分析，および，労働供給の分析を導入する必要がありますが，これら分析はいわゆる**労働市場**の分析になります．すなわち，本章では第4章の分析には登場しなかった労働市場の分析を導入していきます．

労働への需要については，マクロ生産関数をもとにした（経済全体を1つの企業と想定したときの）利潤最大化条件にもとづいて労働への需要が決定されるという考え方で分析を進めます．一方，労働の供給については，賃金水準にもとづいて労働供給がどのように決定されるかについて考察しなければなりません．このとき，労働の賃金には名目額と実質額があることに注意する必要があり，名目額は同じでも物価水準が高くなれば実質賃金は安くなり，逆の場合は実質賃金は高くなります．すなわち，物価水準によって実質賃金が変化し，その変化を受けて労働供給が変化すると考えられますので，労働供給について分析をおこなう際には物価水準を分析に導入する必要があります．このことから，本章における分析には物価水準も導入されることになります．

5.1　総需要曲線

この節では，第4章のIS-LM分析に物価水準を導入し，財市場と貨幣市場を同時に均衡させるGDPと物価水準の組合せについて分析をおこないます．

ここで，物価水準を分析に導入するのは，後に労働供給に関する分析をおこなう際に物価水準を導入して考察を進めることになりますので，最終的に経済全体について考察をおこなう段階では，分析を統合するために需要側にも物価水準を導入しておくことが必要になるためです．

GDPと物価水準の組合せの軌跡のことを**総需要曲線**とよんでいますが，第4章のIS-LM分析を使いながら，まず総需要曲線を導出しましょう．

図5-1には，上半分にIS曲線とLM曲線が描かれており，E_0点で財市場と貨幣市場を同時に均衡させる利子率の水準r_0とGDPの大きさY_0が，それぞれ

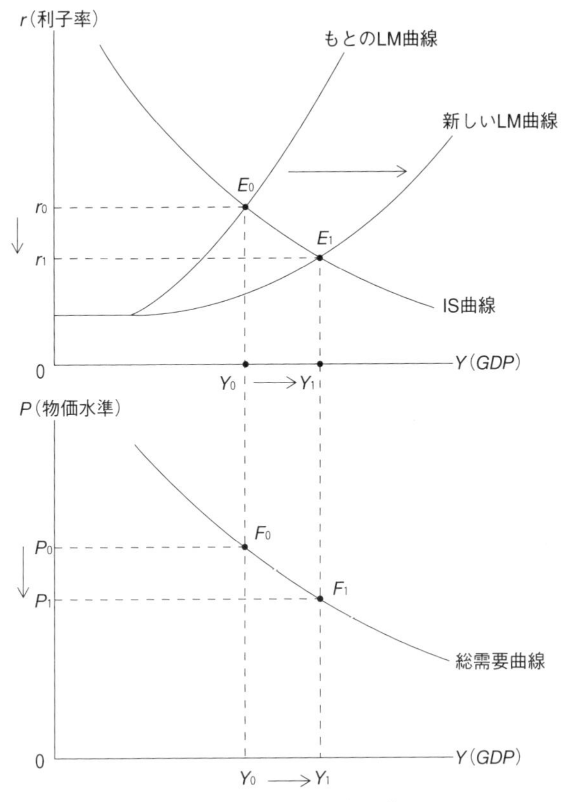

図5-1　総需要曲線の導出

決定されています.

このときの物価水準がP_0であったとしましょう．すると，GDPの大きさがY_0であるとき，物価水準はP_0ということになり，**図5-1**の下半分の図に描かれているように，F_0点でその組合せ（P_0，Y_0）が示されています．

ここで，（何らかの原因によって）物価水準がP_0からP_1へ下落したとしましょう．物価水準が下落すると実質貨幣供給量（$= \frac{\text{名目貨幣供給量}}{\text{物価水準}}$）が増加しますので，金融政策によって貨幣供給量が増加した場合と同じ効果が経済に及ぼされ，第4章の**図4-18**に示されていたように，LM曲線が右方向に移動することになります．

LM曲線が右方向に移動すると，**図5-1**の上半分の図に示されているように，IS曲線との交点がE_0からE_1へ移動し，財市場と貨幣市場を同時に均衡させる利子率の水準がr_1に，GDPの大きさがY_1に，それぞれ変化します．

この変化により，新しい物価水準P_1に対応するGDPの大きさはY_1になりますので，**図5-1**の下半分の図に描かれているように，F_1点でその組合せせ（P_1，Y_1）が示されています．

物価水準を変化させていくと，F_0やF_1のような点がたくさん描かれることになりますが，それらの点を結んでいくと，**図5-1**の下半分の図に描かれているような右下がりの曲線が得られます．この曲線が総需要曲線とよばれるものです．

5.2　総需要曲線と財政・金融政策

5.1節で総需要曲線を導出しましたので，この節では，第4章のIS-LM分析においても経済政策の効果について分析をおこなったように，財政政策や金融政策が総需要曲線にどのような影響を与えるかについて考えていきます．

まず，財政政策による公共投資によって総需要曲線がどのような影響を受け

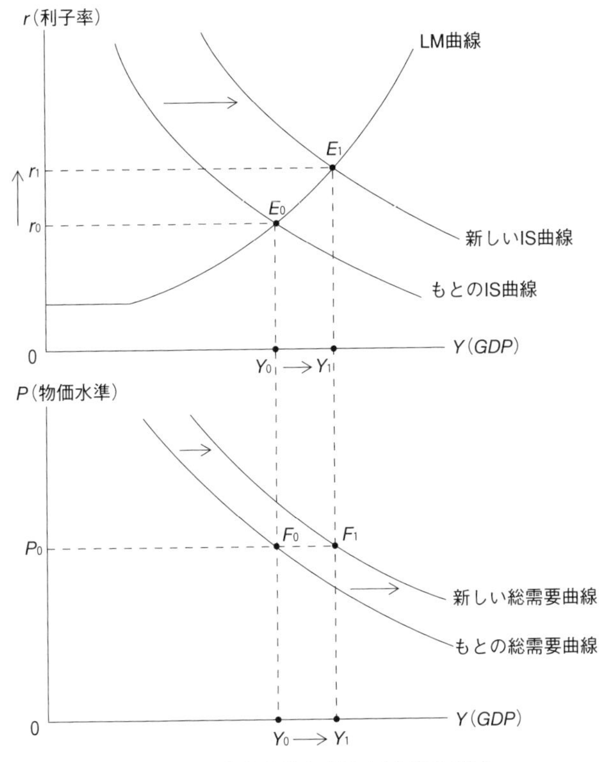

図5-2　財政政策と総需要曲線の変化

るのかについて**図5-2**を使って考えてみます．

図5-2の上半分の図には，２本のIS曲線と１本のLM曲線が描かれています．IS曲線は，財政政策による公共投資がおこなわれる前のIS曲線（図中の「もとのIS曲線」）と公共投資がおこなわれた後のIS曲線（図中の「新しいIS曲線」）が，それぞれ描かれています．

財政政策による公共投資がおこなわれる前は，両曲線がE_0点で交差し，利子率の水準がr_0に，GDPの大きさがY_0に，それぞれ決定されています．また，そのときの物価水準をP_0とすると，対応するGDPであるY_0との組合せを表したF_0点を通る「もとの総需要曲線」が下半分の図に描かれることになります.

財政政策による公共投資がおこなわれると，IS 曲線が右方向に移動するので，LM 曲線との交点がE_1に移動し，利子率の水準がr_1，GDP の大きさがY_1に，それぞれ変化します.

GDP の大きさは変化しますが，その一方で，物価水準はP_0のままですので，物価水準と GDP の組合せを表した点は，下半分の図のF_0からF_1に移動することになります．すなわち，同じ物価水準P_0に対して別の大きさの GDP であるY_1が対応することになりますので，F_1点を通る別の総需要曲線が描かれることになります．これが，図中の「新しい総需要曲線」になります．このように，財政政策による公共投資によって，総需要曲線は右方向に移動するのです.

それでは，次に，金融政策によって貨幣供給量が増加した場合に総需要曲線がどのように変化するかについて，**図5-3**を使いながら考えてみましょう.

図5-3の上半分の図には，1本の IS 曲線と2本の LM 曲線が描かれています．LM 曲線は，金融政策による貨幣供給量の増加がおこなわれる前の LM 曲線（図中の「もとの LM 曲線」），および，金融政策がおこなわれた後の LM 曲線（図中の「新しい LM 曲線」）が，それぞれ描かれています.

金融政策による貨幣供給量の増加がおこなわれる前は，両曲線がE_0点で交差し，利子率の水準がr_0に，GDP の大きさがY_0に，それぞれ決定されています．また，そのときの物価水準をP_0とすると，対応する GDP であるY_0との組合せを表したF_0点を通る「もとの総需要曲線」が下半分の図に描かれます.

金融政策による貨幣供給量の増加がおこなわれると，LM 曲線が右方向に移動するので，IS 曲線との交点がE_1に移動し，利子率の水準がr_1，GDP の大きさがY_1に，それぞれ変化します.

GDP の大きさは変化しますが，その一方で，物価水準はP_0のままですので，物価水準と GDP の組合せを表した点は，下半分の図のF_0からF_1に移動します．同じ物価水準P_0に対して別の大きさの GDP であるY_1が対応していますので，

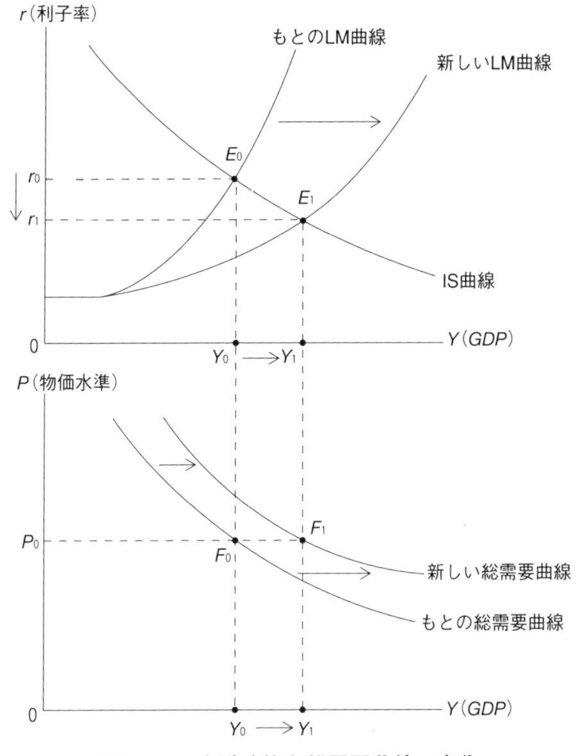

図5-3　金融政策と総需要曲線の変化

F_1点を通る別の総需要曲線が描かれることになります．これが，図中の「新しい総需要曲線」になります．このように，金融政策による貨幣供給量の増加によっても総需要曲線は右方向に移動するのです．

5.3　総供給曲線

この節では，本章の冒頭でふれました産出量そのものの決定について考察を進めていきます．冒頭でも述べましたが，第4章での分析においては供給側の要因が捨象されていましたので，この節において，まず労働需要，労働供給に関する分析をそれぞれおこない，次に，これら2つの分析を合わせて労働市場の分析に進んで雇用量の決定について考察した後，経済全体の産出量と物価水準の関係を表した総供給曲線の分析に進んでいきます．

5.3.1　マクロ生産関数と労働需要

この項では，労働市場における需要側の分析をおこなうために，次のような**マクロ生産関数**を分析に導入します．

$$Y=F(N) \quad \text{（Y：生産量，N：（経済全体の）雇用量）} \tag{5.1}$$

(5.1）は，各企業の生産関数を経済全体で集計したものです．したがって，右辺のNは経済全体の雇用量を表しています．

なお，ミクロ経済学における企業の生産活動の分析では，労働と資本をそれぞれ雇用して生産活動がおこなわれますが，ここでは，（たとえば，短期的に考えて）資本ストックは固定されているとみなし，労働のみが可変的な生産要素であると考えます．

(5.1）のマクロ生産関数にもとづいて生産活動をおこなう場合の利潤最大化について考えてみましょう．(5.1）は経済全体で集計した生産関数ですので，経済全体を1つの大きな企業と考えて，その利潤について考えます．

ミクロ経済学における企業の利潤とは，売上高から雇用した人への賃金支払いを除いた残額になりますので，次式のように表されます．なお，資本を捨象して考えていますので，資本へのレンタル料の支払いは含まれていません．

利潤＝売上高－賃金支払い

＝価格×販売数－1人あたり賃金×雇用者数　　(5.2)

ここでは，経済全体を1つの大きな企業と考えていますので，「価格」は「物価水準」を，「販売数」は「経済全体の販売数」を，「雇用者数」は「経済全体の雇用者数」を，それぞれ表しています．また，「1人あたり賃金」は「名目賃金率」を表しています．この節の後半の分析では，名目賃金率を物価水準で除した「実質賃金率」が分析に導入されますが，しばらくの間は名目賃金率をもちいます．

また，売れ残りなどは考えず，生産されたものがすべて販売し尽くされることも想定しますので，(5.2) の右辺第1項にある「販売数」は「(経済全体の)生産量」と同じ額になります．

$$利潤＝価格×生産量－1人あたり賃金×雇用者数 \quad (5.3)$$

分析の便宜上，記号を使って (5.3) を書き換えます．利潤はΠ，価格はP，1人あたり賃金(名目賃金率)はWでそれぞれ表します．また，生産量は(5.1)のマクロ生産関数で表され，雇用量はマクロ生産関数の独立変数であるNで表されています．

$$\Pi = P \times F(N) - W \times N \quad (5.4)$$

ミクロ経済学において企業の生産行動について分析をおこなうときは，利潤を最大にするように生産量や雇用量を決定すると想定しますので，同様に考えて，(5.4) で表された(経済全体の) 利潤を最大にすることを考えていきます．

図を使って利潤の最大化について考えていくために，まず (5.4) の右辺の2つの項が，それぞれ図を使ってどのように描かれるのかについて，まず考えてみましょう．

(5.4) の右辺第1項であるP×F (N) は，もう一度言葉で表すと「価格×生産量」，すなわち，売上収入を表しています．ここでは，価格はある値に固定しているのですが，生産量は雇用量とともに変化します．雇用量が増加すると生産量も増加しますが，増加の仕方は逓減的であると想定しましょう．すなわち，図で表すと，**図5-4**のように描かれることを想定します．

図5-4のようにマクロ生産関数が描かれると想定すると，売上収入であるP×F (N) は**図5-5**のように描かれます．

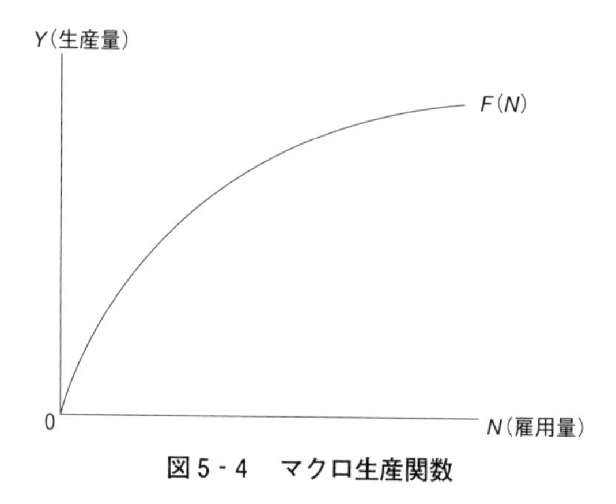

図 5 - 4　マクロ生産関数

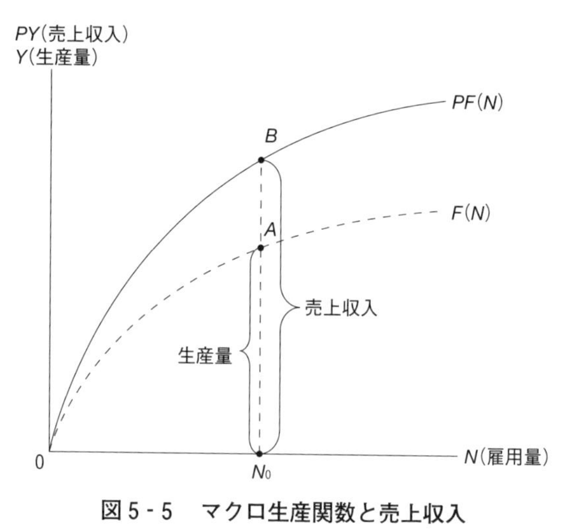

図 5 - 5　マクロ生産関数と売上収入

図 5 - 5 では，マクロ生産関数 F（N）が点線で，マクロ生産関数に価格の P を乗じた P×F(N) が実線でそれぞれ描かれています．図に描かれているように，たとえば雇用量が N_0 のとき，生産量は A 点で決定され，その大きさは AN_0 の長さで表されています．そして，その生産量に対する売上収入は B 点で決定され，その大きさは BN_0 の長さで表されています．

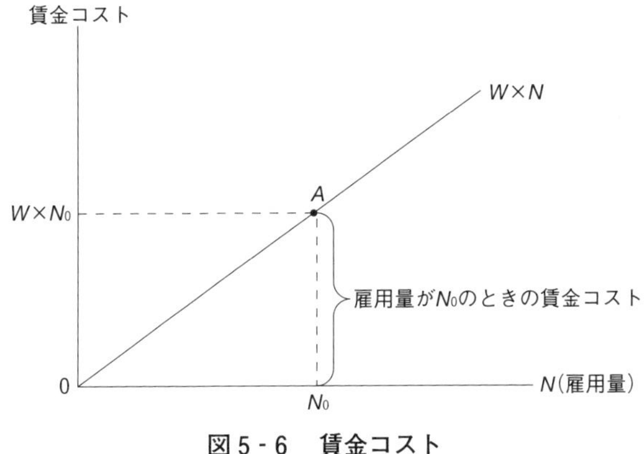

図5-6　賃金コスト

それでは，次に（5.4）の右辺第2項である W×N について考えてみます．W×N は，もう一度言葉で表すと「1人当たり賃金×雇用者数」，すなわち，賃金支払の総額を表していますが，これを**賃金コスト**とよぶことにしましょう．1人当たり賃金 W は，最初からある大きさに決定されていますので，賃金コスト W×N を図で表すと次のようになります．

図5-6では，賃金コスト W×N が描かれています．図に描かれているように，たとえば雇用量が N_0 のとき，賃金コストは A 点で決定され，その大きさは AN_0 の長さで表されています．

図をもちいて（経済全体の）利潤の最大化について考える準備ができましたので，**図5-5**と**図5-6**を1つの図に合わせてみましょう．

図5-7には，**図5-5**に描かれていた（5.4）の右辺第1項，および，**図5-6**に描かれていた右辺第2項がそれぞれ同じ座標上に描かれています．

（5.4）の右辺第1項の P×F（N）は，**図5-5**を使って確認しましたように売上収入を表しています．また，右辺第2項の W×N は，**図5-6**を使って確認しましたように賃金コストを表しています．

利潤は（5.4）で表されていましたが，**図5-7**を使って（5.4）を図示してみましょう．たとえば，雇用量が N_B のときは売上収入は $P×F(N_B)$ になりま

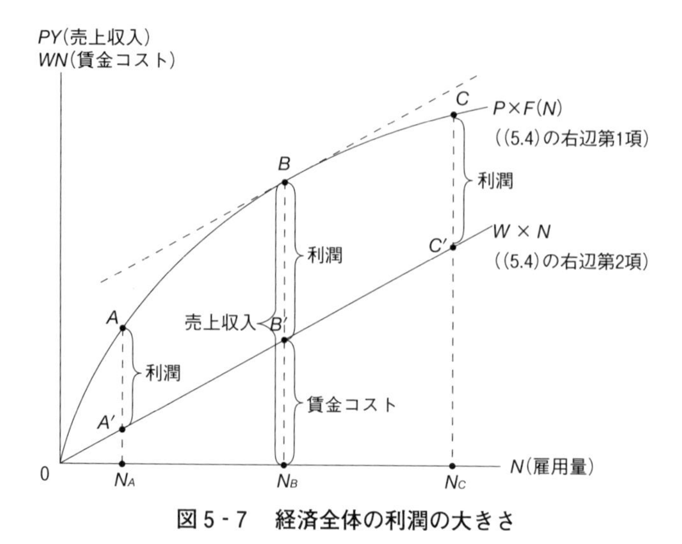

図 5 - 7　経済全体の利潤の大きさ

すが，これは**図 5 - 7** の B 点で決定される売上収入です．したがって，その大きさは BN_B の長さになります．

また，賃金コストは $W \times N_B$ になりますが，これは**図 5 - 7** の B′点で決定される賃金コストです．したがって，その大きさは $B'N_B$ の長さになります．

(5.4) で示されているように，利潤の大きさは売上収入から賃金コストを差し引いた残額です．**図 5 - 7** では，雇用量が N_B のときには，この残額は売上収入 BN_B から総賃金支払い $B'N_B$ を差し引いた BB′の部分になります．したがって，雇用量が N_B のときの利潤の大きさは BB′の長さで表されているのです．

雇用量が N_A や N_C のときにも，N_B のときと同様に考えることで，利潤の大きさが，それぞれ AA′と CC′の長さで表されます．

それでは，最大の利潤はどの部分で表されるのでしょうか．**図 5 - 7** から確認できるように，利潤の大きさは，売上収入を表した P×F (N) のグラフと賃金コストを表した W×N のグラフとの縦方向の間隔の長さで表されています．

それでは，その間隔が最大になるところ，すなわち，利潤が最大になるところは，**図 5 - 7** ではどの部分になるのでしょうか．これは，賃金コストを表したW×N直線と平行で，P×F(N) 曲線に接するように描かれた直線（図中の点線）とP×F（N）の接点であるB点から下方向に測られた利潤の大きさであるBB′の長さで表されているのです．

このことから，**図５‐７**において利潤が最大化されているときに成立している条件は次のように表すことができます．

$$P \times F(N)\ \text{曲線の傾き} = \text{名目賃金率（１人当たり賃金）} \qquad (5.5)$$

この条件についてもう少し詳しく検討するために，ここで（5.5）の左辺の「P×F(N) 曲線の傾き」が表していることについて少し考えてみましょう．

図５‐８に示されているように，雇用量がN_0からN_0＋１へ１単位増加したとしましょう．このとき，生産量は（縦軸に示されているように）F（N_0）からF（N_0＋１）に増加します．したがって，生産量はDEの長さだけ増加しますが，このように労働の１単位の増加に対する生産量の増加分，すなわち$\dfrac{\text{生産量の増加分}}{\text{労働の増加分}}$のことを労働の**限界生産力**といいます．

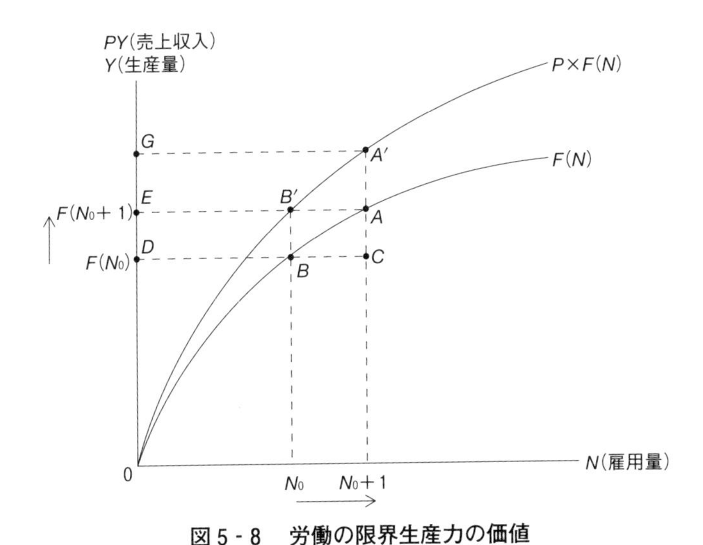

図５‐８　労働の限界生産力の価値

図5-8では，労働の増加分はBCの長さ，生産量の増加分は（DEに対応する）ACの長さで，それぞれ表されていますので，労働の限界生産力＝$\dfrac{\text{生産量の増加分}}{\text{労働の増加分}}=\dfrac{AC}{BC}$となります．

さらに**図5-8**より$\dfrac{AC}{BC}=\dfrac{\Delta ABC\text{の高さ}}{\Delta ABC\text{の底辺}}$となりますので，労働の限界生産力は$\Delta$ABCの斜辺ABの傾きの大きさで表されることになります．このことから，労働の限界生産力はマクロ生産関数F(N)の傾きで表されることになるのです．

P×F(N)曲線についても，労働の限界生産力と同様のことを考えてみます．雇用量がN_0からN_0+1へ1単位増加したとき，売上収入はE点からG点に増加します．したがって，売上収入はEGの長さ（あるいはAA′の長さ）だけ増加していますが，このように労働の1単位の増加に対する売上収入の増加分も考えることができます．

図5-8では，労働の増加分はAB′の長さ，売上収入の増加分はAA′の長さで，それぞれ表されていますので，$\dfrac{\text{売上収入の増加分}}{\text{労働の増加分}}=\dfrac{AA'}{AB'}$となります．

先ほどと同様に考えて，$\dfrac{AA'}{AB'}=\dfrac{\Delta AA'B'\text{の高さ}}{\Delta AA'B'\text{の底辺}}$となりますので，この比率は$\Delta$AA′B′の斜辺A′B′の傾きの大きさで表されることになります．このことから，この比率はPF(N)曲線の傾きで表されることになるのです．

ここで，P×F(N)曲線はマクロ生産関数F(N)に価格Pを乗じたものですので，AA′の長さはACの長さにPを乗じたものになっています．すなわち，$\dfrac{\text{売上収入の増加分}}{\text{労働の増加分}}$という比率は，労働の限界生産力$\dfrac{AC}{BC}$に価格Pを乗じたものになっていますので「労働の限界生産力の価値」と表現することにしましょう．

このことを（5.5）に代入すると，次のようになります．

労働の限界生産力の価値＝名目賃金率（1人当たり賃金）　(5.6)

(5.6) より利潤を最大にするためには，名目賃金率と労働の限界生産力の価値が等しくなるように労働の需要量を決定すればよいことになります．これは，「古典派の第１公準」とよばれるものです．

5.3.2　賃金率の変化と労働需要

それでは，(5.6) をもとにして賃金率の変化と労働需要量の変化について考えてみましょう．

まず最初の状態として，名目賃金率が W_1 であったとしましょう．**図５-７**と同様に考えて，利潤を最大にする労働需要量は，売上収入（P×F(N)）曲線と傾きが W_1 の補助線との接点である A_1 点で決定される N_1 になります．

（何らかの原因で）名目賃金率が W_2 に低下したとしましょう．同様に考えると，労働需要量は補助線との接点 A_2 で決定される N_2 になり，N_1 よりも増加します．さらに名目賃金率が低下して W_3 になると，労働需要量は N_3 に増加します．

ここで，これ以降の分析のために名目賃金率を実質賃金率に変更しておきます．価格Pは物価水準を表していますので，名目賃金率が W_1 のとき，実質賃

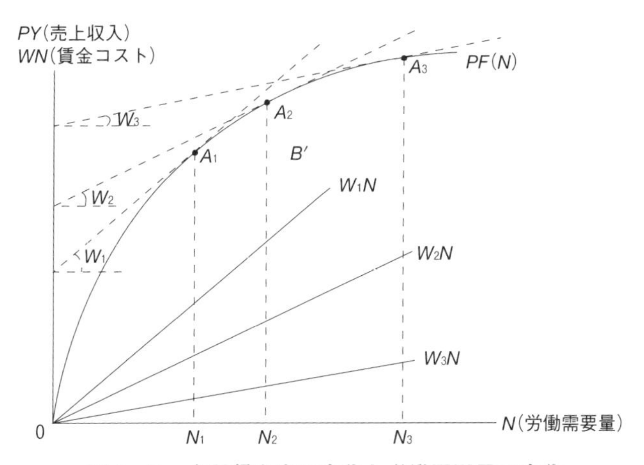

図５-９　名目賃金率の変化と労働需要量の変化

金率は$\frac{W_1}{P}$になります．名目賃金率がW_1のとき労働需要量がN_1でしたので，このことは，実質賃金率が$\frac{W_1}{P}$のときの労働需要量がN_1であることを示しています．同様に考えて，実質賃金率が$\frac{W_2}{P}$のときの労働需要量がN_2，実質賃金率が$\frac{W_3}{P}$のときの労働需要量がN_3ということになります．

図 5 - 9 での分析と合わせて考えると，実質賃金率の低下とともに労働需要量は増加していきます．この様子を図で表すと**図 5 -10**のようになります．

図 5 -10では，縦軸に名目賃金率を物価水準 P で除した実質賃金率が測ってあります．そして，A 点は**図 5 - 9** のA_1点での名目賃金率と労働需要の組み合わせ(W_1, N_1)に対応しており，B 点は**図 5 - 9** のA_2点の組み合わせ(W_2, N_2)に，C 点は**図 5 - 9** のA_3点の組み合わせ(W_3, N_3)に，それぞれ対応しています．

そして，**図 5 -10**に示されているように，A 点，B 点，C 点を曲線で結んでいくと右下がりの曲線が出てきますが，この曲線のことを**労働需要関数**とよんでいます．労働需要関数は，実質賃金率と労働需要量の負の関係を表しています．

ここで，労働需要関数の性質について，**図 5 -11**を使いながら，併せて確認しておきましょう．

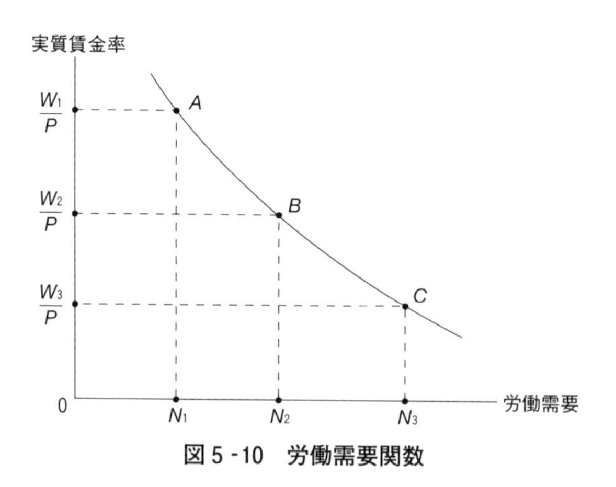

図 5 -10　労働需要関数

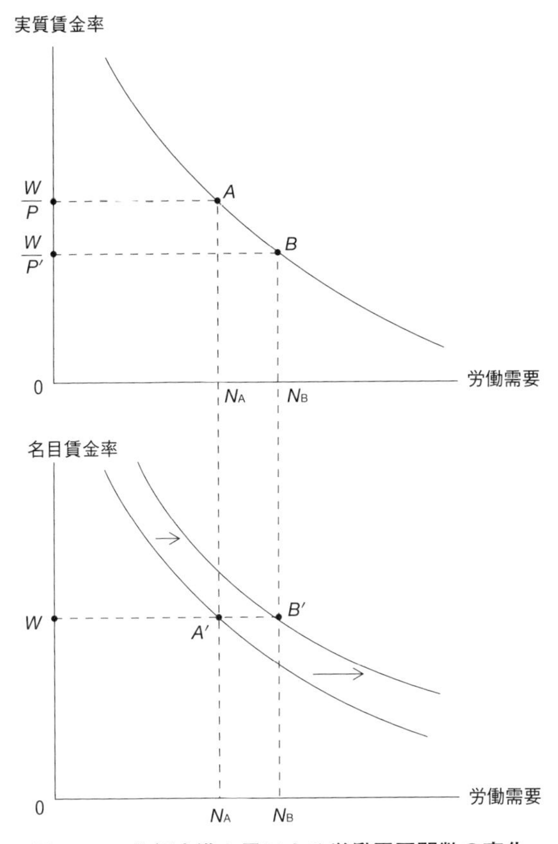

図5-11　物価水準上昇による労働需要関数の変化

名目賃金率Wはそのままで，物価水準Pのみが（何らかの原因で）P′に上昇したとします．すると，実質賃金率が$\frac{W}{P}$から$\frac{W}{P'}$に減少しますので，実質賃金率と労働需要の関係を表した**図5-11**の上半分の図より，労働需要はN_AからN_Bへ増加します．

このことを，**図5-11**より，名目賃金率と労働需要の関係として改めて考えてみます．名目賃金率Wは変化していませんので，縦軸の名目賃金率はWのままです．一方，物価水準は P から P′に上昇し，上半分の図より，労働需要は N_A から N_B へ増加しています．

名目賃金率と労働需要の関係を考えると，物価水準が上昇する前の P のときは，下半分の図の A′点で名目賃金率と労働需要の組み合わせ（W，N_A）が表されています．物価水準が上昇して P′になったときは，B′点で名目賃金率と労働需要の組み合わせ（W，N_B）が表されています．

すなわち，同じ名目賃金率に対して 2 つの労働需要が対応していることになりますが，これは，**図 5 -11**の下半分の図に示されているように，名目賃金率で測った労働需要関数が物価水準の上昇によって右方向へ移動したことを意味しているのです．

5.4　労働供給関数

5.3節では，労働への需要について詳しく検討しましたので，ここからは労働の供給について考えていくことにします．

労働を供給するのは各家計ですが，各家計は，労働供給について次のような意思決定をおこなっていると考えられます．すなわち，1 日は誰にとっても24時間ですが，そのうち何時間を労働時間に充てるかを決めなければならないという意思決定です．そして，その決め手となるのが賃金率ですが，ここでは実質賃金率が決め手になると想定して分析を進めていきます．なお，次の節では，名目賃金率が決め手となる場合も考察していきます．

実質賃金率が低ければ，労働を供給することへのインセンティブがあまり高まらず，わずかな労働供給しかおこなわれないかもしれません．逆に，実質賃金率が高ければ，労働を供給することへのインセンティブが高まり，たくさんの労働供給がおこなわれることが考えられます．

このように，実質賃金率と労働供給は，一般的に正の関係にあると考えられますが，次のことに注意しなければなりません．実質賃金率が低い水準から高い水準へ移行していくときには労働を供給することへのインセンティブが高まり，労働の供給が増加していくことが考えられます．

しかしながら，実質賃金率がある程度高まってくると，少しの労働供給で高額の賃金収入が得られることになってきます．すると，ある程度の賃金収入を得ることが目的であれば，実質賃金率がある程度高くなってくると労働供給は逆に減少することになってくるでしょう．

実質賃金率が高まることで労働供給が増加する効果のことを**代替効果**といいます．家計には，労働を供給しないで余暇を楽しむという選択枝もあるのですが，余暇に代わって（代替して）労働を選択するという意味で代替効果というのです．

逆に，さきほど確認しましたように，実質賃金率がある程度高くなってくると，家計は労働よりも余暇を選択するようになってきます．これは，高い実質賃金率によって少しの労働で高額の賃金収入が得られるようになるため，労働よりも余暇を選択するようになってくることが考えられるからです．このように，実質賃金率が高まることで労働供給が減少する効果のことを**所得効果**といいます．得られる所得が労働供給に影響を与えるという意味で所得効果というのです．

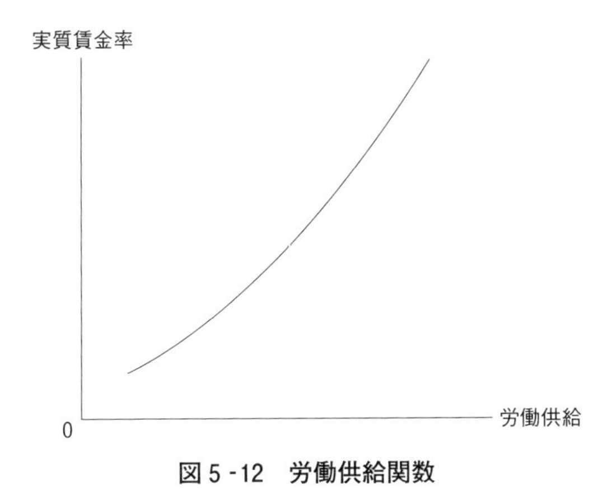

図５-12　労働供給関数

ここでは，「所得効果＜代替効果」を想定して，**図 5 -12**のように，労働供給は実質賃金率と正の関係にあることを想定しましょう．

図 5 -12は，縦軸に実質賃金率，横軸に労働供給量を測って，実質賃金率と労働供給量の正の関係を表しています．

5. 5　労働市場と総供給関数

5. 3節で労働需要関数について，5. 4節で労働供給関数について，それぞれ確認しましたので，この節では，労働需要と労働供給の出会う労働市場について分析を進めます．そして，労働市場についての分析をもとにしながら**総供給関数**について分析を進めます．

労働市場では，労働への需要と供給によって，実質賃金率と雇用量が決定されると想定することにします．その様子を図で表すと，**図 5 -10**の労働需要関数，および，**図 5 -12**の労働供給関数より**図 5 -13**のようになります．

図 5 -13に示されているように，労働需要関数と労働供給関数の交点であるE 点において需要と供給が等しくなり，労働市場が均衡する実質賃金率$\left(\frac{W}{P}\right)^*$

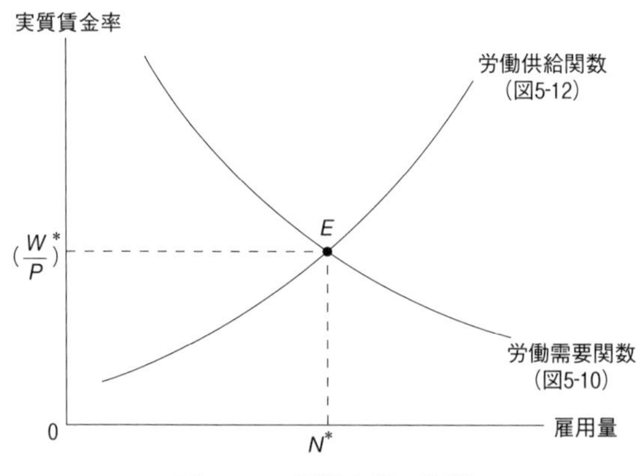

図 5 -13　労働市場の均衡

と雇用量N^*がそれぞれ決定されることになります.

ここで, 労働市場の調整役を果たしている実質賃金率について, 少し考えてみます. たとえば, 当初の実質賃金率が**図５-13**の$\left(\frac{W}{P}\right)^*$の水準よりも高い$\left(\frac{W}{P}\right)'$の水準にあり, **図５-14**に示されているように, B点で決定される労働供給N_Sに対してA点で決定される労働需要N_Dの方が不足していたとしましょう. このような状況が続いてしまうと労働供給N_Sと労働需要N_Dの差額分だけの失業が発生してしまうことになります.

図５-14に示されているような状況のときに, もし実質賃金率が需要と供給が一致する$\left(\frac{W}{P}\right)^*$の水準まで低下すれば労働市場が均衡し, 失業が解消することになります. このように実質賃金率がうまく調整作用を果たし, 労働市場には失業は存在せず, 常に完全雇用が成立しているという考え方は,「古典派経済学」とよばれる文字通り古典的な経済学の考え方です.

しかしながら, 実質賃金率は本当にうまく調整作用を果たすでしょうか. 労働市場を均衡させるために実質賃金率がかなり低下してしまうことになったら, 各家計はこの低水準の賃金率を受け入れることができるでしょうか.

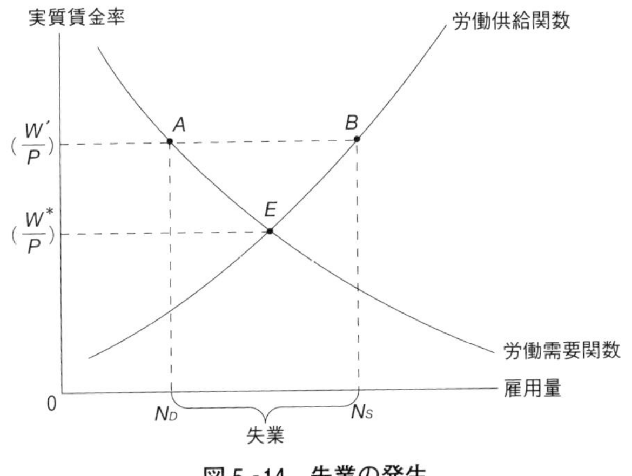

図５-14　失業の発生

「古典派」に対して「ケインズ派」とよばれる経済学の考え方があり，実質賃金率は労働市場を均衡させるようにうまく作用することはない，という主張をおこなっています．この理由は次のようなものです．すなわち，ある名目賃金水準が成立し，その水準のもとで労働を供給している家計は，その名目賃金水準を低下させることに反発し，もし名目賃金水準が低下した場合はもはや労働を供給しなくなるいというものです．

これは**賃金の下方硬直性**とよばれる考え方であり，「ケインズ派経済学」が労働市場を分析するときにもちいる考え方です．たとえば，労働を供給する最低限の名目賃金率を $\underline{W}$ とすると，ケインズ派経済学の考え方による労働供給関数は**図 5 -15**のようになります．

図 5 -15では，労働供給関数が最低限の名目賃金率 $\underline{W}$ のところで水平になっています．なぜなら，この水準より少しでも低い水準の名目賃金率では労働供給はゼロになりますが，この水準に達すると同時に労働供給がおこなわれるからです．

この労働供給関数と**図 5 -10**の労働需要関数を同じ座標に描いてみましょう．ただし，労働需要関数は，縦軸を名目賃金率に書き直したものを使います．**図 5 -10**の縦軸を名目賃金率に変更してもグラフの形状は変化しません．

図 5 -16の第 1 象限には，**図 5 -11**の下半分の図と同じものが描かれています．

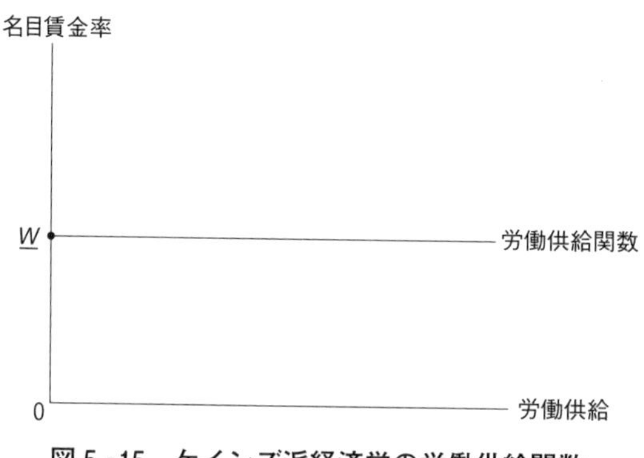

図 5 -15　ケインズ派経済学の労働供給関数

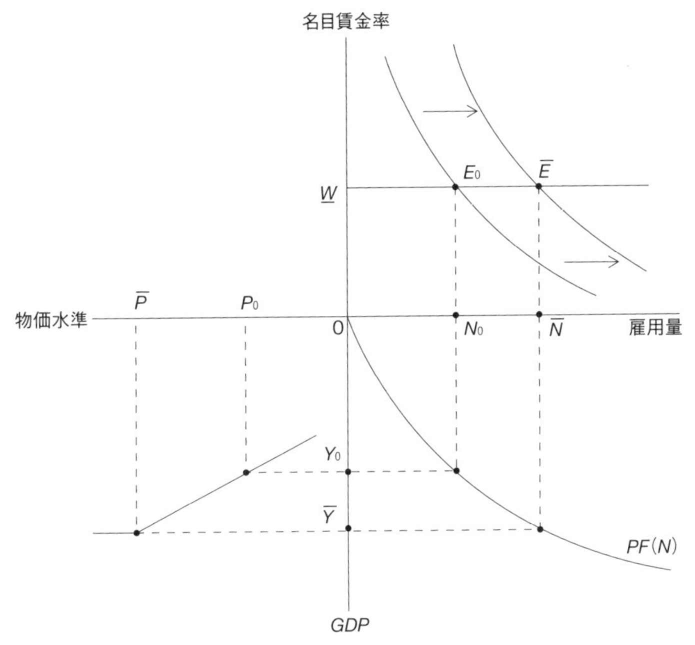

図5-16　物価上昇と供給の変化

すなわち，物価水準が上昇し，名目賃金率で測った労働需要関数が右方向へ移動することによって（水平な）労働供給関数との交点がE_0から$\bar{E}$に移動します．その結果，雇用量がN_0から$\bar{N}$に増加します．ここで，$\bar{N}$は完全雇用の雇用量を表しているとしましょう．

雇用量が増加することで，第4象限に描かれた（マクロ生産関数（**図5-4**）から描かれた）売上収入曲線（**図5-5**）より，GDPの大きさがY_0（$=P\times F(N_0)$）から$\bar{Y}$（$=P\times F(\bar{N})$）に増加します．

第3象限に描かれているように，物価水準がP_0から$\bar{P}$に上昇したとすると，P_0のときのGDPの大きさがY_0です．そして，$\bar{P}$に上昇したときのGDPの大きさが$\bar{Y}$であり，これは完全雇用のGDPになっています．物価水準の上昇に伴ってGDPも増加していくのですが，完全雇用の水準に達すると，これ以上

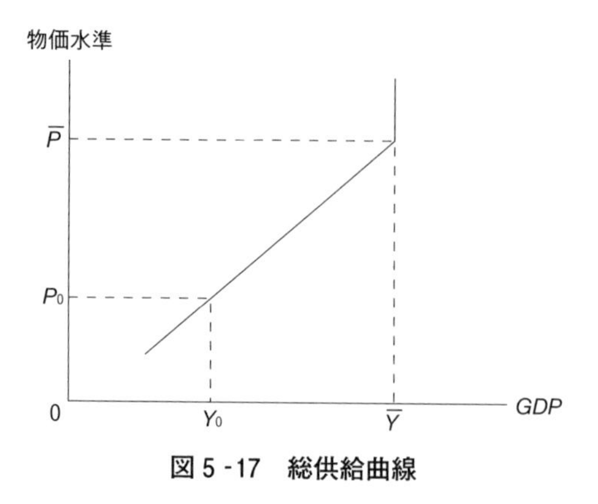

図 5 - 17　総供給曲線

は増加しませんので $\bar{P}$ より左側では水平な直線になっています.

このようにして**図 5 - 16**の第 3 象限に描かれたグラフが**総供給曲線**とよばれるものです. 縦軸に物価水準, 横軸に GDP を測って描き直すと**図 5 - 17**のようになります.

5. 5. 1　賃金の下方硬直性と総供給曲線

総供給曲線が得られましたので, **図 5 - 16**で使った作図方法をもう一度使いながら, 総供給曲線の移動について考えてみます.

図 5 - 18の第 1 象限に示されているように, (何らかの原因によって) 賃金の下方硬直性が弱まり, 家計が労働を供給する最低水準の名目賃金率が $\underline{W}$ から $\underline{W}'$ に低下したとしましょう.

最低水準の名目賃金率が $\underline{W}$ から $\underline{W}'$ に低下することで, 労働需要関数との交点が変化します. すなわち, 物価水準が P_0 のときの交点が E_0 から E_0' へ, 物価水準が $\bar{P}$ のときの交点が $\bar{E}$ から $\bar{E}'$ へ, それぞれ変化します.

この変化によって物価水準が P_0 のときの雇用量が N_0 から N_0' へ変化します. 雇用量が変化するので, 売上収入が Y_0 から Y_0' へ変化し, その結果, 総供給曲線が第 3 象限に描かれているように変化しますが, 総供給曲線の変化を示した

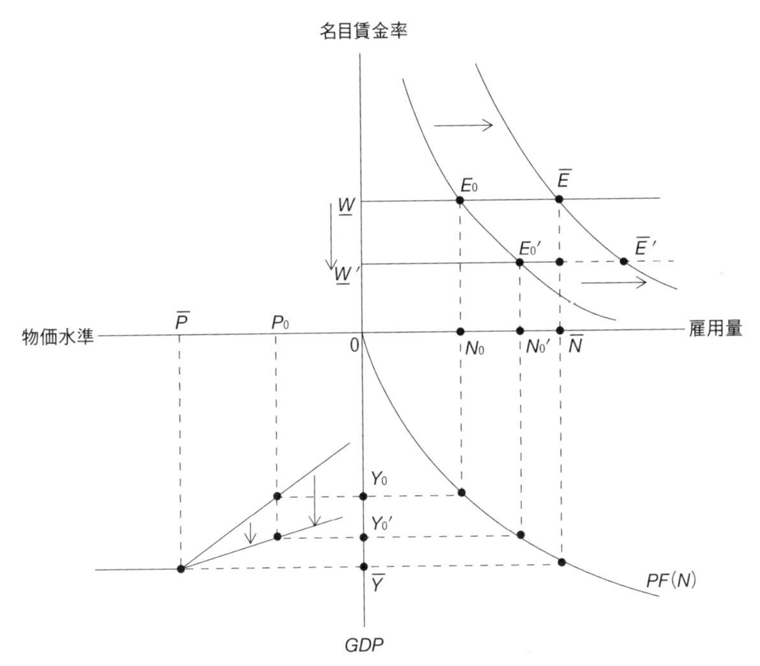

図５-18　賃金の下方硬直性の変化と総供給曲線の変化

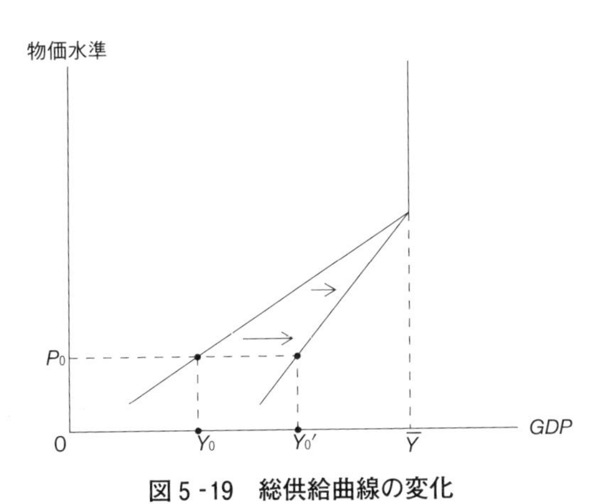

図５-19　総供給曲線の変化

第３象限のみを取り出すと**図５-19**のようになります．

賃金の下方硬直性が弱まると，総供給曲線は右方向に移動し，傾きがより急になっていきます．下方硬直性がどんどん弱まっていくと，いずれ完全雇用のGDPである$\bar{Y}$のところで垂直になり，古典派経済学が想定したような完全雇用状態が実現するでしょう．

5.6　物価水準・GDPと財政・金融政策

5.1節で総需要曲線が，5.5節で総供給曲線がそれぞれ得られましたので，この節では，両曲線を使いながら，物価水準とGDPの決定について考察し，併せて，財政政策による公共投資や金融政策による貨幣供給量の増加によって物価水準やGDPがどのように変化するかについて分析をおこないます．

まず，**図５-１**で導出された総需要曲線と**図５-16**で導出された総供給曲線を，同じ座標上に描いてみると**図５-20**のようになります．

総需要曲線と総供給曲線の交点であるＥ点において，物価水準P_EとGDPの大きさY_Eがそれぞれ決定されています．なお，完全雇用のGDPは$\bar{Y}$の大きさになっていますので，Ｅ点で実現される経済の状態は不完全雇用の状態で

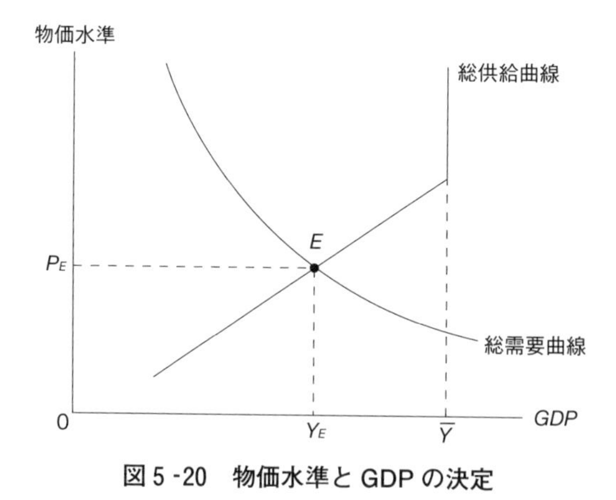

図５-20　物価水準とGDPの決定

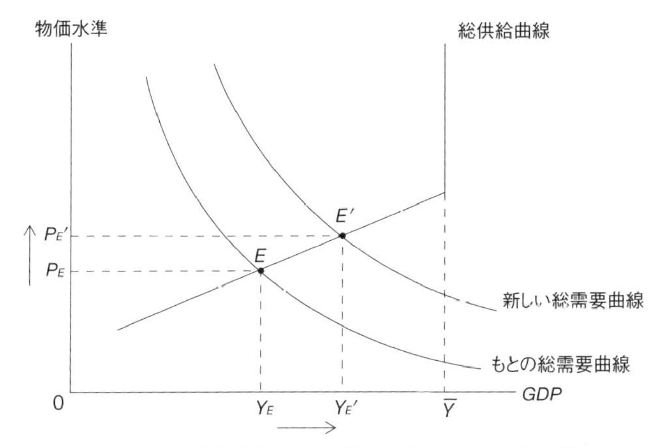

図5-21　財政政策による物価水準とGDPの変化

あり，失業が存在している状態になっています．

まず，財政政策が物価水準とGDPに及ぼす効果について，**図5-2**によって示された総需要曲線の変化を**図5-20**に当てはめることで，考えてみましょう．

財政政策による公共投資がおこなわれると，総需要曲線が右方向に移動するので，総供給曲線との交点がE点からE′点に移動します．その結果，物価水準はP_Eから$P_{E'}$に上昇し，GDPもY_Eから$Y_{E'}$に増加します．したがって，財政政策により物価水準は上昇しますが，同時に，GDPを増加させることができるのです．このとき，第4章の**図4-20**で確認したように，利子率は上昇しています．

金融政策による貨幣供給量の増加がおこなわれたときは，どのように変化するでしょうか．**図5-3**で確認したように，金融政策によっても総需要曲線は右方向へ移動します．したがって，財政政策による変化を描いた**図5-21**と同様の変化が起こることになります．

ただし，第4章の**図4-21**で確認したように，金融政策の場合は利子率は下落します．この利子率の下落によって投資が促進され，GDPを増加させます．そして，所得の増加が物価を上昇させていくことになるのです．

それでは，総需要・総供給分析について，図ではなくそれぞれの市場を表した式を使って具体的にみていきましょう．

具体例

ある国の経済全体において，財市場と貨幣市場では，それぞれ次のような関係が成立しているとします．

$$\text{財市場}\begin{cases} Y=C+I+G & \cdots① \\ C=10+0.8Y & \cdots② \\ I=50-4r & \cdots③ \\ G=60 & \cdots④ \end{cases} \qquad (5.7)$$

（Y：GDP，C：消費，I：投資，G：政府支出，r：利子率）

$$\text{貨幣市場}\begin{cases} \dfrac{M}{P}=L & \cdots⑤ \\ L=0.2Y-4r+30 & \cdots⑥ \\ M=30 & \cdots⑦ \end{cases} \qquad (5.8)$$

（M：貨幣供給量，L：貨幣需要量）

さらに，労働市場では，次のような関係が成立しているとします．

$$\text{労働市場}\begin{cases} Y=N^{\frac{1}{2}}K^{\frac{1}{2}}\ \text{（マクロ生産関数）} & \cdots⑧ \\ K=25 & \cdots⑨ \\ W=0.5 & \cdots⑩ \end{cases} \qquad (5.9)$$

（N：雇用量，K：資本，W：名目賃金率）

また，物価水準Pは一定であるとします．このとき，次の4つのことを考えてみましょう．

（1）　IS曲線，LM曲線は，それぞれどのように表されるでしょうか．

（2）　総需要曲線，総供給曲線は，それぞれどのように表されるでしょうか．

（3）　均衡でのGDPと物価水準は，それぞれいくらになるでしょうか．

（4）　完全雇用での雇用量が250であるとすると，失業率はいくらでしょうか．

（1）について：

まず，IS曲線については，（5.7）の②（消費関数），③（投資関数），④（政府支出の大きさ）を財市場の均衡式である①にそれぞれ代入して求めます．

$$Y=C+I+G$$
$$=(10+0.8Y)+(50-4r)+60$$
$$\therefore Y=600-20r\ （IS曲線）\qquad (5.10)$$

（5.10）は，この経済におけるIS曲線を表しています．縦軸に利子率（r），横軸にGDPを測って（5.10）を描くと，IS曲線を描いた第4章の**図4-5**のような右下がりの曲線が描かれます．

次に，LM曲線を求めましょう．LM曲線については，（5.8）の⑥（貨幣需要関数），⑦（貨幣供給量）を貨幣市場の均衡式である⑤にそれぞれ代入して求めます．

$$\frac{M}{P}=L$$
$$\frac{30}{P}=0.2Y-4r+100$$
$$\therefore Y=20r-500+\frac{150}{P}\ （LM曲線）\qquad (5.11)$$

（5.11）は，この経済におけるLM曲線を表しています．縦軸に利子率（r），横軸にGDPを測って（5.11）を描くと，LM曲線を描いた第4章の**図4-11**のような右上がりの曲線が描かれます．

（2）について：

まず，総需要曲線を求めましょう．5.1節で確認しましたが，総需要曲線はIS 曲線とLM 曲線の交点で財市場と貨幣市場が同時に均衡しているときのGDP と物価水準の関係を表していました．

ここでは，IS 曲線は（5.10），LM 曲線は（5.11）で表されています．この2つの式の交点で財市場と貨幣市場が同時に均衡しますので（5.10）と（5.11）の交点を求めますが，このとき総需要曲線を求めるためには，GDP と物価水準の関係を表した式に変換しなければなりません．

そこで，（5.10）と（5.11）から利子率（r）を消去して，GDP（Y）と物価水準（P）の関係式を求めることにします．

まず（5.10）を次のように変形します．

$$20r=600-Y \tag{5.12}$$

次に（5.11）を次のように変形します．

$$20r=500+Y-\frac{150}{P} \tag{5.13}$$

（5.12）と（5.13）より利子率（r）を消去して，GDP（Y）と物価水準（P）の関係を求めます．

$$600-Y=500+Y-\frac{150}{P}$$

$$\therefore Y=50+\frac{75}{P}\ \text{（総需要曲線）} \tag{5.14}$$

（5.14）は，IS 曲線とLM 曲線の交点で成立するGDP と物価水準の関係を表した総需要曲線を表しています．

総需要曲線を求めることができましたので，次に，総供給曲線を求めていきましょう．総供給曲線を求めるためには，5.3節で考察したように労働需要関数を求めなければなりませんでしたが，そこでは労働需要量を決定するために

「古典派の第1公準」が使われていました．

「古典派の第1公準」とは労働の限界生産力と実質賃金率が等しくなるというものでしたが，(5.9)の⑧マクロ生産関数を使って表すと次のようになります．

$$\frac{\partial Y}{\partial N}=\frac{W}{P} \tag{5.15}$$

ここで，(5.15)の左辺はマクロ生産関数（(5.9)の⑧）より，次のように計算されます．

$$\frac{\partial Y}{\partial N}=\frac{1}{2}N^{-\frac{1}{2}}K^{\frac{1}{2}} \tag{5.16}$$

(5.15)，(5.16)より，「古典派の第1公準」は次のように表されます．

$$\frac{1}{2}\mathrm{N}^{-\frac{1}{2}}\mathrm{K}^{\frac{1}{2}}=\frac{W}{P} \tag{5.17}$$

(5.17)に(5.9)の⑨，⑩を代入して整理します．

$$\frac{1}{2}N^{-\frac{1}{2}}K^{\frac{1}{2}}=\frac{W}{P}$$

$$\frac{1}{2}N^{-\frac{1}{2}}(25)^{\frac{1}{2}}=\frac{0.5}{P}$$

$$\therefore N^{\frac{1}{2}}=5P(\text{労働需要関数}) \tag{5.18}$$

ここでは，W＝0.5の名目賃金率のもとで労働が供給され，雇用量は労働需要関数によって決定されると想定していますので(5.18)のように決定されます．そして，この雇用量と(5.9)の⑨（資本量）をマクロ生産関数（(5.9)の⑧)）に代入すれば，総供給曲線を求めることができます．

$$Y=N^{\frac{1}{2}}K^{\frac{1}{2}}$$

$$=(5P)\times(25)^{\frac{1}{2}}$$

$$=5P\times 5$$

$$\therefore Y=25P\ (\text{総供給曲線}) \tag{5.19}$$

（3）について：

総需要曲線と総供給曲線をそれぞれ（5.14）と（5.19）のように求めることができましたので，均衡での GDP と物価水準は（5.14）と（5.19）を連立方程式として解けば求めることができます.

$$\begin{cases} Y = 50 + \dfrac{75}{P} & (5.14) \\ Y = 25P & (5.19) \end{cases} \qquad (5.20)$$

（5.20）より，均衡での物価水準（P）が次のように求められます.

$$50 + \frac{75}{P} = 25P$$

$$25P^2 - 50P - 75 = 0$$

$$P^2 - 2P - 3 = 0$$

$$(P-3)(P+1) = 0$$

$$\therefore P = 3 \text{（均衡での物価水準）（}P > 0\text{ なので）} \qquad (5.21)$$

さらに，（5.21）を総供給曲線（5.19）に代入すれば，均衡での GDP の大きさは次のように求められます.

$$Y = 25$$

$$= 25 \times 3$$

$$\therefore Y = 75 \text{（均衡での } GDP \text{ の大きさ）}$$

（4）について：

均衡での物価水準を（5.21）のように求めることができましたので，（5.21）を（5.18）に代入することで，均衡での雇用量を求めることができます.

$$N^{\frac{1}{2}} = 5P \quad ((7.18))$$

$$= 5 \times 3$$

$$\therefore N = 225 \text{（均衡での雇用量）} \tag{5.22}$$

(5.22) のように均衡での雇用量が求められましたので，完全雇用の雇用量である250と比較することで失業率を求めることができます．

$$失業率 = \frac{完全雇用の雇用量 - 均衡での雇用量}{完全雇用の雇用量}$$

$$= \frac{250 - 225}{250}$$

$$\therefore 失業率 = 0.1 = 10\%$$

索　引

《著者紹介》

前 田 純 一（まえだ じゅんいち）

1960年　愛媛県生まれ
1989年　九州大学大学院経済学研究科博士後期課程修了
　　　　博士（経済学）
現　在　広島修道大学経済科学部教授

主要業績

『改訂版　経済分析入門Ｉ』（晃洋書房，2020年）
『経済分析入門Ⅱ』（晃洋書房，2012年）
『経済分析入門Ｉ』（晃洋書房，2011年）
『応用経済分析Ⅱ』（編著，勁草書房，2009年）
『経済成長と動学』（共著，勁草書房，2006年）
『社会保障の動学分析』（広島修道大学総合研究所，2005年）
『経済学概論』（共著，勁草書房，2003年）

改訂版
経済分析入門Ⅱ
――マクロ経済学への誘い――

2012年１月20日　初　版第１刷発行　　＊定価はカバーに
2013年９月25日　初　版第２刷発行　　表示してあります
2021年11月10日　改訂版第１刷発行

著　者　前　田　純　一©
発行者　萩　原　淳　平
印刷者　藤　森　英　夫

発行所　株式会社　晃　洋　書　房
〒615-0026　京都市右京区西院北矢掛町７番地
電　話　075(312)0788番(代)
振替口座　01040-6-32280

装丁　クリエイティブ・コンセプト　印刷・製本　亜細亜印刷㈱
ISBN978-4-7710-3554-6